AF138700

Christine Feldhaus

Psychoterror

Bibliografische Information der Deutschen Nationalbibliothek:
Die Deutsche Nationalbibliothek verzeichnet diese Publikation in der Deutschen Nationalbibliografie; detaillierte bibliografische Daten sind im Internet über http://dnb.dnb.de abrufbar.

Korrektorat und Satz: A und O Textservice
Herstellung und Verlag: BoD – Books on Demand, Norderstedt
ISBN: 978-3-7357-5715-9

Inhalt

Vorwort

Liebe Leserin, lieber Leser,

Sie werden bei der Lektüre gelegentlich denken oder sogar ausrufen: „Das kann doch gar nicht wahr sein!", und damit haben Sie natürlich recht. Ich habe mir das alles nur ausgedacht, es handelt sich um reine Fiktion, nichts ist jemals so geschehen! So etwas kann gar nicht geschehen – und schon gar nicht im 21. Jahrhundert in der „Wohlfühlstadt" Gelnhausen!

29.6.2012

Es war fürwahr ein wunderschönes Fest an jenem lauen Juniabend im Jahr 2012. Viele liebe Menschen hatten sich bei der Burgmühle eingefunden, ehemalige Schülerinnen und Schüler aus mehreren Jahrzehnten, Kolleginnen und Kollegen, einige Verwandte und nicht zuletzt die Mitarbeiterinnen aus der wissenschaftlichen Bibliothek. Manche waren von weither angereist, aus Nord und Süd, aus Ost und West.[1] Aufgetischt wurde eine meiner drei Leibspeisen, Grüne Sauce mit Eiern, auf besonderen Wunsch gab es sicher auch ein Käsebrot oder Ähnliches, und das alles in so vorzüglicher Qualität, dass viele noch eine Kostprobe für ihre Lieben daheim mitgenommen haben. Vor und nach dem Essen haben wir draußen gesessen, Geschenke wurden gebracht, ich durfte mir sehr schöne Lobreden auf mich anhören – das mag ich gerne und werde in solchen Situationen zum Glück nicht von Verlegenheit oder falscher Bescheidenheit geplagt –, Birgit Mütze hat ein Lied mit uns einstudiert, mit einem weiteren Lied haben wir Gabi Lerch zum runden Geburtstag gratuliert ...

Als später alle heimgefahren oder im Hotel verschwunden waren, habe ich noch ein Stündchen bei Kerzenschein und mit einem Glas Wein draußen gesessen, den Blick auf Gelnhausen bei Nacht genossen, mich meines Lebens gefreut, an liebe Menschen gedacht, denen ich viel zu verdanken habe, und mich wieder für den glücklichsten Menschen in ganz Gelnhausen gehalten.[2]

Kurzum, es war ein wunderschönes Fest.

Aber es hätte auch anders kommen können, da hat nicht viel gefehlt.

---

[1]   Ich nenne als Beispiele Kiel und Freiburg in der Schweiz, Bonn und Biebergemünd im Spessart.

[2]   Meine liebe Freundin Hilde Grünewald hätte hier angemerkt: „Wenn nicht in ganz Hessen!".

„Buch macht kluch"[3]

Die allermeisten von Ihnen kennen den Bibliotheksneubau allenfalls von außen und waren in den früher genutzten Räumen fröhlich und zufrieden. Man konnte ins Grüne schauen, an den Wänden hingen Poster und Fotos, auf den Fensterbänken standen Pflanzen aller Art, den Boden bedeckte blauer Teppich.

Es wurde rege ausgeliehen oder direkt in der Bibliothek gelesen. Kopien wurden gemacht, es wurde im Internet recherchiert, jemand musste noch schnell eine Hausaufgabe abschreiben … Notfalls haben die Mitarbeiterinnen auch einen Säugling betreut[4], wenn seine Mutter ihn ausnahmsweise nicht mit in den Unterricht nehmen konnte, z.B. weil sie eine Arbeit schreiben musste. Und seitens des Kollegiums war man außerdem dankbar für die Möglichkeit, jemanden in der Bibliothek einen versäumten Leistungsnachweis nachschreiben zu lassen.

Damals wie heute ist dergleichen nur dank sehr engagierter und sehr kompetenter Mitarbeiterinnen möglich. Beinahe alle leisten diese Arbeit ehrenamtlich, nicht einmal die Fahrtkosten werden erstattet. Und einige sind seit Jahrzehnten dabei! Auf jede einzelne könnte ich ein Loblied singen, aber das wäre Stoff für ein weiteres Buch. So erwähne ich exemplarisch hier nur Frau Martha Busse, die es auf beinahe 60 (!) Dienstjahre am GGG gebracht hat, einen nicht unbeträchtlichen Teil davon in der wissenschaftlichen Bibliothek. – Es war so sicher wie das Amen in der Kirche: Dienstags und donnerstags stand Frau Busse an dem eigens für sie angefertigten Arbeitsplatz, hat tausende von Büchern eingebunden, die Schule betreffende Zeitungsartikel archiviert, sich um die Pflanzen gekümmert – auch in den Ferien – und manches mehr. Mir ist noch in lebhafter Erinnerung, wie wir ein klein wenig eines ihrer Jubiläen gefeiert

---

[3] Finden Sie diese Überschrift befremdlich? Nein? Aber vielleicht meine Ankündigung, dass es in diesem Kapitel um die wissenschaftliche Bibliothek im Grimmelshausen-Gymnasium geht? Auch nicht? Dann sind Sie sicher Schlimmeres gewohnt.

[4] Sebastian ist inzwischen Student, vielleicht sogar schon examiniert.

haben – das wollte sie nie, was aber nie akzeptiert wurde!: Alle waren noch mit Kaffee und Kuchen beschäftigt und in Gespräche vertieft – nur die Jubilarin stand schon wieder an ihrem Platz und hat ihre Arbeit getan. Beispielhaft und bewundernswert!

Und zum Glück war und ist da auch noch Frau Gabi Lerch, ohne deren Fachwissen es die Bibliothek in dieser Form nicht gäbe. Theoretisch ist sie hauptamtlich tätig, aber ich habe den starken Verdacht, dass sie sich darüber hinaus ganz heimlich auch noch ehrenamtlich engagiert.

Kein Wunder also, dass dieses Schmuckstück von Bibliothek gerne gezeigt wurde! Eine Kultusministerin hat mal vorbeigeschaut, wobei ein neuerdings sehr berühmtes Mitglied einer sich christlich nennenden Partei ihre Aktentasche tragen durfte … Und der damalige Schulleiter, Herr Oberstudiendirektor Kauck, hat es nie versäumt, neue Kolleginnen und Kollegen vorzustellen und sie dann durch die Räume zu führen, selbstverständlich nachdem er sich vergewissert hatte, dass der Besuch an dem Tag oder zu der Stunde nicht gerade ungelegen kam.

Nun sollte man meinen, dass eine Bibliothek auch von einer Bibliothekarin oder einem Bibliothekar geleitet wird, aber dem ist zumindest am GGG nicht so. Geleitet wurde und wird von einer Lehrkraft. Lesen und schreiben kann unsereins ja,[5] aber eine besondere Liebe zu Büchern haben sicher nicht alle Mitglieder des Kollegiums. Und die Mitglieder der Schulleitung schon gar nicht.

Also gut, eigentlich müsste eine Fachkraft eine Bibliothek leiten, das war und ist meine feste Überzeugung. Die hat mich aber nicht im Geringsten daran gehindert, mich riesig zu freuen, als Herr Kauck im September 1997 die exzellente Idee hatte, mich mit dieser schönen und verantwortungsvollen Aufgabe zu betrauen.

Die Mitarbeiterinnen haben mich freundlich akzeptiert und mir manches erklärt, den Schülerinnen und Schülern war klar, dass man tunlichst tat, was die Feldmaus angeordnet hatte, ich musste nur die Arbeit meiner geschätzten Vorgänger (STR Gebhard Baulig, STD Schuch, STD Dr. Beck, STD'n Dr. Zipfel) fortsetzen.

---

[5]   Wenn ich auch seit einiger Zeit munkeln höre, manche schriftlichen Mitteilungen z.B. an die Eltern seien geradezu peinlich.

Die Weihnachtsfeiern habe ich aus theologischen Gründen in Advent-feiern umbenannt und mir mit meinen Geschenken für die Mitarbeiter-innen viel Mühe gegeben. Dreimal (natürlich nicht in drei aufeinander folgenden Jahren!) bekamen alle je ein Paar von mir höchstselbst gehäkelte Topflappen – bis Frau Dübotzky meinte, nun habe sie genug davon. Aber es gibt ja Alternativen, so z.b. diese netten grünen Sparschweine mit der Aufschrift „Buch macht kluch!", die ich in einer meiner beiden Lieblings-buchhandlungen („Brentano", die andere: „Grimmelshausen") entdeckt hatte. Dort wurden sie freundlicherweise als Geschenke verpackt (noch ohne meine berühmten Bändchen) und von Herrn Gros pünktlich in die Schule gebracht.

Zwei kleine Neuerungen kamen zum Bewährten hinzu, die Be-schaffung der Ehrenamtskarten für die Mitarbeiterinnen und der jährliche Betriebsausflug.[6]

Diese meine unbeschwerte Zeit währte bis zum Jahr 2006.

Herr Kauck geht in Pension, der neue Besen kehrt kräftig

Irgendwann ging Herr OSTD Kauck in den wohlverdienten Ruhestand, und mit meinen „fetten Jahren"[7] in der wissenschaftlichen Bibliothek war es vorbei.

Sicher wäre es anders gekommen, wenn ich den neuen Schulleiter nicht immer schon „Feuerwehrhauptmann" oder gleich nach seiner Be-förderung zum Oberrat und dem alsbaldigen Anbringen seines Tür-schildes „Oberrat Wichtig" genannt hätte. Oder wenn ich mich zur Be-grüßung im Lehrerzimmer oder auf dem Gang hätte küssen lassen, was manchen Frauen ja heute noch gefällt.

Nun ja, er war jetzt der Chef und lud bald nach seiner Ernennung die anderen Chefs anderer Schulen zum netten Beisammensein, und zwar in

---

[6]   Zu einem zusätzlichen Betriebsausflug wurde auch eine Fahrt nach Rom. Fragen Sie gelegentlich Frau Busse, wie sie dort einen Taschendieb daran gehindert hat, seine Arbeit zu tun!

[7]   Vgl. 1. Mose (= Genesis) 41.

die wissenschaftliche Bibliothek mit dem schon erwähnten blauen Teppichboden. Beim ersten Mal wurde ich noch um meine Zustimmung gebeten, die ich zwar ungern, aber dann doch gegeben habe. Es wurde also umgeräumt, eingedeckt und was sonst noch alles, und zwar von den tüchtigen Damen im Geschäftszimmer und den ebenso tüchtigen Hausmeistern, die ja sonst, wie jeder und jede weiß, alle nur rumsitzen und vor Langeweile die Däumchen drehen.[8] Was alles aufgetischt wurde, weiß ich nicht, es gab aber auf jeden Fall Gebäck und Käsebrötchen. Deren Reste habe ich nämlich am nächsten Morgen, nachdem ich mich von einem Wutanfall erholt hatte, zusammengefegt oder mit einem Messer aus dem Teppich gekratzt. Die Käsereste waren wirklich übel.

Das nächste derartige Treffen wurde mir vielleicht noch angekündigt, aber da ich de facto offensichtlich nicht mehr die Leiterin der Bibliothek war und mein Wort dort nichts mehr galt, habe ich konsequenterweise im Juni 2006 schriftlich auf dieses schöne Amt verzichtet, natürlich nicht ohne vorher den Mitarbeiterinnen zu versprechen, dass ich auch künftig täglich vorbeikommen würde, sei es zum Arbeiten, „nur" auf ein Schwätzchen oder etwa, um die Gebäckdose frisch zu füllen.

Ob der Schulleiter (ich nenne ihn „Latra", das bin ich so gewohnt) selbst gemerkt hat, dass mein Amtsverzicht ein wenig peinlich für ihn war, oder ob ihm das jemand erklären musste, weiß ich nicht, jedenfalls wurde ich zu einem Gespräch gebeten (ja! Damals noch „gebeten"). Zu meiner Unterstützung hatte ich aus dem Personalrat den Kollegen Jochen Karalus dabei. Das war auch nicht falsch, denn Latra wollte mir den Rücktritt ausreden, vor allem mit der Drohung, ich könne dann nicht länger Oberrätin sein und bekäme infolgedessen auch weniger Gehalt.[9] Jochen Karalus war gut informiert, wie sich das für ein auch von mir gewähltes Personalratsmitglied gehört, und hat ihm erklärt, das sei Unfug, wobei er sich natürlich gesitteter ausgedrückt hat. Kurze Zeit danach hatte der Schulleiter offensichtlich den Rat eines Juristen eingeholt.[10] Sei's drum! Latra war

---

[8]   Für die, die meine Scherze noch nie verstanden haben oder verstehen wollten: Das war wieder einer.

[9]   Frage an alle, die mich kennen: Albern, oder?

[10] Am staatlichen Schulamt soll es ja einen geben, aber der ist für kleine Leute wie mich nicht zu sprechen.

jedenfalls sehr stolz, mir mitteilen zu können, er, der Leiter dieser Schule, habe das Recht, zu jeder Zeit alle Räume so zu nutzen, wie er es wolle!

Damals war es schon so, dass man nicht einfach alt genug werden musste, um seine eigene Beförderung zu erleben; „nur" guten oder sehr guten Unterricht zu geben, reichte auch nicht, man sollte schon ein wenig mehr leisten. So bin ich also auf die Suche nach einer sinnvollen und mir zusagenden Beschäftigung gegangen. Am liebsten hätte ich angeboten, den Rasen zu mähen. Mit dem kleinen Trecker um die Gebäude zu flitzen, hätte mir Spaß gemacht und die Hausmeister entlastet, aber ein mir wohl gesonnenes Mitglied der Schulleitung (ja! Die gab es damals!) hat mir davon abgeraten. Der Schulleiter könne sich veralbert fühlen, was in diesem Fall wirklich nicht meine Absicht war.

Also habe ich die Kollegin Anita Schultheis gefragt, ob sie Verwendung für mich habe. Sie war damals Leiterin der so genannten LMF und für noch viel mehr Bücher zuständig, als in der wissenschaftlichen Bibliothek standen. – Sie hatte Verwendung, und so habe ich meinen Dienst als stellvertretende Aushilfshilfskraft im Keller angetreten. Alle hatten mehr Ahnung von der Arbeit als ich, sie konnten auch schwerer tragen, aber das machte nichts. Ich bekam alles erklärt und wurde mit einfachen Aufgaben betraut. Das Tageslicht muss man in diesem Keller entbehren, manchmal war es sehr kalt und ist es vermutlich heute noch, aber das fand ich nicht schlimm. Wichtig war mir das angenehme Betriebsklima.

Am 14.7.2006 war meine Zeit in der wissenschaftlichen Bibliothek offiziell zu Ende.

In allerbester Erinnerung habe ich noch das Fest, mit dem mich die Mitarbeiterinnen im darauf folgenden September verabschiedet haben. Wie alle wussten und wissen, esse ich gerne gut. So hatten diese lieben Frauen daheim gebacken und gekocht, gerührt und verziert und die dabei entstandenen Köstlichkeiten in die Bibliothek geschafft. Dort haben wir nicht ganz ohne Wehmut, aber doch fröhlich gefeiert, zumal ich einen sehr freundlichen Menschen als meinen Nachfolger vorstellen konnte, den Kollegen Joachim Becke. Geschenke habe ich auch bekommen, ich durfte mir lobende Worte anhören – kurzum: es war ein unvergesslicher Nach-mittag.[11]

Noch ca. ein Jahr war ich in dieser schönen Bibliothek wohlgelitten. Ich habe weiter geholfen, für Ruhe und Ordnung zu sorgen, habe mich weiter um die Abteilungen Theologie und Latein gekümmert, konnte im Arbeitsraum der Bibliothekarinnen einen freien Tisch und ein wenig Platz in einem kleinen Schrank nutzen, und vor allem hatte ich dort einen Stuhl zur Verfügung, der meiner beeinträchtigten Gesundheit nicht geschadet hat.[12]

Der Rauswurf und seine erfreuliche Folge

Ist Ihnen aufgefallen, dass ich gerade von Bibliothekar<u>innen</u> geschrieben habe? Gut aufgepasst!

Irgendwann gehörte Frau Sabine Appl zum festen Stab der Mit-arbeiterinnen, nachdem sie vorher schon eine ganze Weile gelegentlich zu Besuch gekommen war und auch eine Vertretung übernommen hatte. An viele Details erinnere ich mich nicht, weil ich damals nicht ahnen konnte, dass ich jemals ein Buch mit dem Titel „Psychoterror" schreiben würde,[13] bei denen sie von Interesse sein könnten.

An manches erinnere ich mich allerdings sehr deutlich: Frau Appl, die ich ab sofort „Frau Wichtig" nennen werde, zeigte sich von Anfang an

---

[11] Und jetzt unterstehe sich niemand, auf den Teppichboden hinzuweisen! Erstens verstehen die anderen Mitarbeiterinnen und ich uns zu benehmen, und zweitens lag unter unserem Frühstückstisch ein Extrateppich, den, wenn ich mich recht erinnere, Birgid Pfromm bald nach ihrem Dienstantritt angeschleppt hatte.

[12] Für die, die sich wundern, dass ich das eigens betone: Am GGG stehen weder für Schülerinnen und Schüler noch für das Fußvolk von Lehrerinnen und Lehrern an-gemessene Sitzmöbel zur Verfügung. Deswegen durften sich in den letzten Jahren (vorher wusste ich es auch nicht besser) während meines Unterrichts alle hinstellen, wenn es ihnen gut tat und nicht gerade etwas geschrieben werden musste. Die Klei-nen (Ihr seid jetzt schon groß, ich weiß!) habe ich regelmäßig daran erinnert.

[13] Ich wollte <u>gar kein</u> Buch schreiben, sondern stattdessen mehr Bücher von anderen lesen. Dieses mein Erstlingswerk schreibe ich auf Anraten meines zweiten damaligen Anwalts und finde diese Tätigkeit durchaus nicht immer vergnüglich.

sehr emsig und an allem interessiert, so z.B. auch an meinen damals neuen Schuhen (!), die sonst niemandem aufgefallen waren.

Eine Kooperation mit der Stadtbücherei wurde angestrebt und realisiert, ein m.E. völlig überdimensioniertes Computerprogramm musste angeschafft werden, weil das den Schulen gratis (?) zur Verfügung gestellte „Littera" den Ansprüchen nicht genügte, und wann immer irgendwo ein kleiner Fehler entdeckt wurde, hat Frau Wichtig es niemals versäumt, sogleich darauf hinzuweisen, welche Mitarbeiterin diesen schlimmen Fehler zu verantworten hatte (immer dieselbe, keine von den ehrenamtlichen – jetzt dürfen Sie raten …).

Inzwischen war ich ja nicht mehr die Leiterin der Bibliothek, was hätte ich also tun können? Und die Dame hatte schulintern schon Karriere gemacht, kam aber immer mal wieder vorbei, sicher nicht zuletzt, um als Informantin des Schulleiters stets auf dem neuesten Stand zu sein. Ich unbedarfter Mensch hatte in einem konkreten Fall eine Schülerin verdächtigt, die häufig in der Bibliothek war.[14] Wie wird sich Frau Wichtig über meine Mutmaßungen amüsiert haben!

Ende Oktober 2007 scheine ich einen Moment nicht mehr daran gedacht zu haben, dass ich dort nichts mehr zu sagen hatte, vielleicht war es mir auch gleichgültig. Jedenfalls meinte ich einschreiten zu müssen.[15]

Also: An einem Mittwoch entdecken eine ehrenamtliche Mitarbeiterin (Frau OSTR'n i.R. Christel Schmitz-Bonfigt) und ich im Beisein von Frau Wichtig einen neuen, perfekt gemachten Aushang an der Wand gegenüber der Ausleihe und ergehen uns in anerkennenden lobenden Worten. Ich kann eine Information beisteuern: „Den hat Frau Lerch gemacht." Daraufhin kreischt (sic!) Frau Wichtig: „Die doch nicht!".

(Coram publico habe ich erfolgreich um Fassung gerungen und nichts dazu gesagt.)

Am späteren Vormittag begegnen Frau Wichtig und ich uns wieder, dieses Mal in dem abgelegenen Winkel am Waschbecken, wo ich sie da-

---

[14]   Zum Glück habe ich die Schülerin nicht mit dem Vorwurf konfrontiert, aber peinlich ist mir die Sache heute noch.

[15]   Manche schreiten nicht ein, wenn ein großer und starker alter Mann eine kleine alte Frau zu erwürgen versucht, doch davon später!

rum bitte, endlich mit dem Mobben[16] ihrer Kollegin aufzuhören. Und jetzt kommt's: Diese Person bricht in Tränen aus und rennt heulend zum Chef, und zwar nicht zu Herrn Becke, sondern direkt zum Oberstudienrektor Fritz (man ist schon per Du) – raffiniert!

Das musste Folgen haben, und die hatte es auch. – Die beiden (Frau Wichtig und Latra) haben sich was ganz Gemeines ausgedacht: Mir sollte die Benutzung des oben erwähnten Tisches verboten werden, wobei mir der gute Stuhl ja noch wichtiger war, aber das wussten sie nicht. – Achim Becke, dem Leiter der Bibliothek, haben sie ihren Beschluss immerhin mitgeteilt. Theoretisch hätte der ja dagegen protestieren und die Aktion untersagen können oder eigentlich müssen, aber er ist ein sehr friedliebender Mensch, und außerdem hatte Frau Wichtig natürlich auch seine Schuhe bewundert, nebst den Socken, Sakkos, Krawatten, Hüten …[17]

Am Wochenende kam Achim nach telefonischer Anfrage bei mir vorbei, um mich zu informieren. Das war gut, denn so konnte ich am Montag schon ganz früh meine wenigen Habseligkeiten zusammenpacken und vom Büro an den Tisch ganz vorn im großen Raum umziehen. Auch ein schöner Platz, und von dort aus war ich am späteren Vormittag sozusagen Zuschauerin in der 1. Reihe:

Gong. Auftritt, Einmarsch bzw. Vorbeimarsch Latra.

Das war sehenswert! Er konnte mich nun nicht wie geplant aus dem von ihm angesteuerten Büro jagen, mich im Falle meiner eventuellen Weigerung anbrüllen, die Polizei[18] oder seinen tüchtigen Stellvertreter Raffio[19] rufen. Der arme Oberdirektor war sichtlich sehr enttäuscht, wo er sich doch seit Tagen schon sooo gefreut hatte! – Ich hingegen fand die Situation sehr vergnüglich und habe sie genossen.

Der neue Platz war, wie erwähnt, auch schön, aber ich konnte dort nicht gut Arbeiten korrigieren oder meinen wertvollen Unterricht vorbe-

---

[16] Im Rechtschreibduden (24. Auflage) liest man zum Stichwort „mobben": „Arbeitskolleg(inn)en ständig schikanieren (mit der Absicht, sie von ihrem Arbeitsplatz zu vertreiben)". Das trifft die Sache ganz genau.

[17] Achim Becke kleidet sich gerne adrett, und das möge er bitte auch weiter so halten!

[18] Die Polizei wurde erst im folgenden Jahr gebeten, sich meiner anzunehmen.

[19] Von Raffio (auf Deutsch „Kanthaken") wussten wir damals noch nichts, ich jedenfalls nicht.

reiten, weil nicht immer die notwendige Ruhe herrschte und vor allem weil ich meine Unterlagen, die Hefte etc. ständig durch die Gegend schleppen musste.

So bin ich bald weitergezogen auf der Suche nach einer neuen, dauerhaften Bleibe. Gefunden habe ich sie in Raum 200, dem früheren Raucherlehrerzimmer, und habe mich dort sehr wohlgefühlt. Anita Schultheis, meine Vorgesetzte in der LMF, hat mir den Platz zu ihrer Linken freigemacht, als Gegenüber hatte ich Beatrix Sibert und auch drumherum beinahe nur freundliche, gute Menschen.[20] – Danke Euch, die Ihr noch dort seid, und Danke denen, die im Ruhestand sind!

Die Bibliothek hat dann irgendwann einen neuen Leiter bekommen (den schon erwähnten OSTR Karalus), weil Achim Becke in Pension gegangen war, aber vorerst war mir der Zutritt noch erlaubt. So habe ich weiter regelmäßig den Mitarbeiterinnen einen Besuch abgestattet und mich ein wenig nützlich gemacht.

Die Ruhe vor dem Sturm

Die erfreuliche Folge des Rauswurfs war die schöne Zeit in Raum 200, und bis gegen Ende des Jahres 2009 ereignete sich beinahe nur Nettes, Normales – um es mit Loriots Worten auszudrücken.[21] Wir haben uns gegenseitig aufgemuntert – die Stimmung in einem großen Teil des Kollegiums war und ist unter dieser Schulleitung nicht gut – und uns in interessanten Gesprächen über Gott und die Welt, über Bücher und die Politik, über Filme, Kaninchen, Schäferhunde, Reisen und vieles mehr unterhalten.

---

[20]   Die nach meiner Einschätzung einzige Ausnahme war Matthias Dickert, damals STR, heute (2014) seiner Verdienste wegen sicherlich längst befördert. Er hatte seinen Spaß daran, uns Kolleginnen zu mobben. Als ich dabei war, ihm das abzugewöhnen, hat er als Informant in Sachen Feldhaus die Nachfolge von Frau Wichtig angetreten (– falls ich diese Person künftig noch einmal erwähnen muss, werde ich sie „Intrigante I" nennen).

[21]   Sie wissen schon: Bello darf nichts zum Thema Atomstrom sagen, sondern nur etwas „Nettes, Normales".

Natürlich gab es ganz, ganz selten auch einmal einen ganz, ganz kleinen Anlass, etwas Kritisches über unser Elitegymnasium[22] oder gar über das eine oder andere Mitglied der Schulleitung zu sagen, Verbesserungsvorschläge zu diskutieren usw.

Es war auch meine Schule, und so habe ich mich an diesen Diskussionen rege und gut vernehmbar beteiligt, zumal es zu meinen zahllosen lobenswerten Eigenschaften gehört, offen und ehrlich meine Meinung zu sagen. Ob jemand von der Obrigkeit heimlich mitgehört hat?[23] Mer waaß es neid.[24]

In gut geleiteten Unternehmen werden aus der Belegschaft kommende kritische Anregungen gerne aufgegriffen, nicht selten sogar prämiert. Am GGG war das zu meiner Zeit – und was mich betraf – leider nicht der Fall, aber auf Pluspunkte und das Wohlwollen von dieser Schulleitung konnte ich gut verzichten. Und wer, wenn nicht ich, hätte sich so unbekümmert äußern können? Einige durchaus, aber nicht viele! Ich jedenfalls war Beamtin auf Lebenszeit, eine nicht schlecht besoldete Oberstudienrätin, versah meinen Dienst ohne Fehl und Tadel und war auf keinerlei Zugeständnisse z.B. den Stundenplan betreffend angewiesen. So habe ich also meine Meinung gesagt, ob gelegen oder ungelegen, und wie ich es immer schon getan hatte. Sich deswegen direkt um mich gesorgt hatte sich meine gute Mutter schon vor Jahrzehnten wohl nicht, aber mir ist noch in lebhafter Erinnerung, wie sie gelegentlich meinte, meine „aufrührerischen Reden" würden mich noch in Schwierigkeiten bringen. Und wann immer sie das sagte, hat sie mich – nicht ohne Stolz – angestrahlt.

---

[22] In früheren Jahren meinte wohl auch die Schülerschaft, sie besuche ein Elitegymnasium, doch inzwischen scheinen Bedenken aufgekommen zu sein. Hier erinnere ich gerne an die ausgezeichnete Rede von Hannah Hartge während der Verabschiedungsfeier der Abiturientinnen und Abiturienten. – Wer hier was (auf Bitten des „lieben Fritz") als Vertreter des Kollegiums zum Thema „Humanität am GGG" gesagt hat, lasse ich lieber unerwähnt, auch den armen Seneca …

[23] Ich weiß zumindest von einer Schule in einem Nachbarort, deren damaliger Leiter sich die Zeit damit vertrieben hat, die Kolleginnen bei ihren Gesprächen im Lehrerzimmer zu belauschen – Näheres kann Ihnen Frau Schlagbauer sagen, sie ist donnerstags als ehrenamtliche Mitarbeiterin in der wissenschaftlichen Bibliothek.

[24] Wegen der korrekten Schreibweise habe ich Marion Göttling-Fuchs (wohnhaft in Roth) konsultiert. Irmgard Becker in Kassel hingegen rät mir zu „Mer wahß es näjt." – Sie haben die Wahl!

18

Keine Pluspunkte also von Latra,[25] später auch nicht vom neuen stell-vertretenden Schulleiter. – Problematisch wurde es allerdings, als in der Elternschaft bekannt wurde, dass die Feldhaus bei diesen Chefs nicht wohlgelitten war. Und da wurden manche dreist und frech! Weil deren Kinder vielleicht noch am GGG und außerdem nicht verantwortlich für den Charakter ihrer Eltern sind, deute ich nur an, wer sicher schon in der ersten Runde „zwei Chefs gegen eine Feldhaus"[26] beteiligt war: Herr D., Frau G. und Herr Sch.

Doch das alles war gerade noch zu verkraften. Es gab zwar mancherlei Aufregung und Ungemach, aber ich hatte ja innerhalb und außerhalb der Schule nicht wenige Menschen, die auf meiner Seite standen und auf die ich mich verlassen konnte.[27]

Schluss mit lustig[28]

Wir befinden uns im Jahre 2010.

Im Januar finden die üblichen Zeugniskonferenzen statt, bei denen mir auffällt, dass Latra immer dann pünktlich angewetzt kommt, wenn es um eine der Klassen geht, deren Lateiner in einer meiner Lerngruppen sind. – Merkwürdig, aber Sie erinnern sich: Er darf in seiner Schule zu jeder Zeit usw.

---

[25] Zu den Decknamen: Sie waren notwendig! Wie hätten wir uns sonst z.B. in einem Restaurant über diese Leute unterhalten sollen? – Generell würde ich gerne ab und an einen Dreckssack einfach „Dreckssack" nennen, aber mein Bruder Peter perhorres-ziert dieses treffliche und treffende Wort, so muss ich es leider vermeiden.

[26] Später nannte sich das böse Treiben „mehrere Chefs gegen eine Feldhaus", weil mindestens noch einer mitspielen wollte und durfte.

[27] Bei mehreren von ihnen musste ich später enttäuscht und traurig konstatieren: „Satz mit X – war wohl nix".

[28] Weil nun mit lustig Schluss war – aber nur vorübergehend!!! – werde ich mich zur Schonung meiner Nerven beeilen, dieses Kapitel und wenige folgende möglichst schnell hinter mich zu bringen. Besondere sprachliche Preziosen, die Sie bisher hof-fentlich erfreut haben, können Sie also für eine kleine Weile nicht erwarten.

Am 3.2. bestelle ich in einem hiesigen Spielwarengeschäft 30 sehr schöne Kreisel für meine damalige 8.6.[29]

Am Donnerstag, dem 4.2., muss ich in meinen beiden Gruppen aus der Jahrgangsstufe 7 (2. Std. 7.1 + 4, 3. Std. 7.7 + 8) Latra den Vortritt lassen und, anstatt meinen wertvollen Unterricht zu erteilen, im Lehrerzimmer abwarten.

An seine Erklärung kann ich mich nicht erinnern, aber sicher war es dieselbe wie danach noch ein oder zwei Mal: Ganz viele Eltern hätten ganz viele ganz schlimme Vorwürfe gegen mich erhoben. – Welche Eltern? Welche Vorwürfe? Warum? Das blieb immer offen! – Und mir war strengstens untersagt worden, den Kindern die Besuche anzukündigen.

Der Oberdirektor marschiert also in die Klassen; weil Raffio seine „verdienstvolle" Tätigkeit am GGG noch nicht aufgenommen hat, Latra ganz allein, nur mit einer Mappe unter dem Arm, die allerdings ähnlich dick gewesen sein soll und den Schülerinnen und Schülern suggerieren soll, dass ganze Stapel von Beschwerden gegen mich vorlägen, was auch funktioniert hat.[30] Die jungen Leute werden aufgefordert, (weitere) Klagen gegen mich vorzubringen. Zwei bis drei von ihnen nutzen die Gelegenheit, aber eine Schülerin fragt später ihre Mutter: „Warum lernen die denn nicht?"

Nur wenige Tage danach wird eine Mitarbeiterin im Geschäftszimmer gebeten, ihr Däumchendrehen kurz zu unterbrechen,[31] mich im Unterricht aufzusuchen und mir zu sagen, ich hätte mich sofort nach Ende der Stunde bei Herrn B. einzufinden. Der überreicht mir, als er dann endlich für mich zu sprechen ist, eine Liste mit den Ergebnissen seiner emsigen Sammeltätigkeit: etwa ein Dutzend Anklagepunkte auf einer DIN A4-Seite und wenige Zeilen auf einer weiteren. Ich werde aufgefordert, schriftlich zu den einzelnen Punkten Stellung zu nehmen.

---

[29]   Die guten Kinder – alphabetisch von Johanna B. bis Patrick Z. – waren immer so neidisch gewesen, wenn ich mit einem meiner Kreisel gespielt hatte, und ich wollte ihnen doch am Schuljahresende, wenn ich die Klasse evtl. hätte abgeben müssen, etwas zum Abschied schenken.

[30]   Wie kann man Kinder so hintergehen? Pfui!

[31]   Vgl. Anm. 8.

Das habe ich mit Akribie erledigt, nicht ohne mich über diese Zeit-vergeudung zu ärgern, und die Anklageschrift dann leider, leider zum Alt-papier gegeben. Andernfalls würde ich das Buch mit einer Fotokopie be-reichern. Und dort könnten Sie z.B. lesen, dass ich meine Schülerinnen und Schüler gezwungen (!) hätte, am Ende meiner Unterrichtsstunden Beifall zu klatschen. Wahr ist: Tatsächlich hat mein hervorragender Un-terricht Ovationen ausgelöst, das ist doch mehr als verständlich.[32] Zwin-gen musste ich niemanden, im Gegenteil! Ich musste anordnen, dass nur noch am Ende der jeweils letzten Stunde der Woche applaudiert werden durfte. – Die anderen Vorwürfe waren ähnlich albern, absurd, erlogen. So war mir nicht beizukommen.

Aber mancher Kläffer lässt so schnell nicht von seinem Opfer ab. Da waren ja noch die Lateinnoten auf den Halbjahreszeugnissen, die in mei-nen Gruppen angeblich schlechter waren als in den anderen.

Irgendwann hatte ich mich geweigert, an einer für mich sinnlosen Fortbildungsveranstaltung teilzunehmen („Schifffahrt auf dem Main"? „Katastrophenschutz im Chemieunterricht"? Ich weiß nicht mehr, was da angeboten wurde). Und nun musste ich wieder beim Oberdirektor an-treten: Die erwähnten schlechten Noten hätten ihre Ursache in meinem schlechten Unterricht,[33] und der sei deswegen so schlecht, weil ich keine Teilnahme an Fortbildungsveranstaltungen nachweisen könne.[34]

STR von Gierke, der damalige Vorsitzende des damaligen Personalrats (relativ neu an der Schule, aber dann schon bald in dieser Funktion), mit

---

[32] Auf diese nette Idee hättet Ihr älteren Semester vor Jahrzehnten auch schon kommen können! Jawohl!

[33] Viele werden sich jetzt verdutzt an die schöne Rede erinnern, die Latra am 29.6.2012 – vormittags! Bei der offiziellen Verabschiedung! Abends war er nicht geladen! – mir zu Ehren gehalten und in der er meine hervorragenden Leistungen am GGG gewür-digt hat. Offensichtlich hatte ihm jemand geraten, meinen „schlechten" Unterricht nicht zu erwähnen, wenn er nicht ausgelacht oder mit den belegten Brötchen – sehr guten Brötchen übrigens, dank des Könnens von Frau Ström und ihrem Team – be-worfen werden wollte, wobei das mit den Brötchen scherzhaft gemeint ist, das Ausla-chen durchaus nicht!

[34] Damit bei denen, die mich nicht gut genug kennen, kein falscher Eindruck entsteht: Selbstverständlich habe ich mich fortgebildet, auch in den Ferien und auf eigene Kosten, aber ich hatte es doch wohl nicht nötig, mir dafür jedes Mal bei einem Latra ein Fleißkärtchen in Form einer Unterschrift abzuholen!

dem ich über den Vorfall sprechen wollte, hat dann – im Gegensatz zu mir – alles von Anfang an ganz richtig gemacht. Er riet mir, da doch mein Unterricht schlecht sei, dem guten Rat des Schulleiters zu folgen und die Fortbildungsangebote zu nutzen! Interessant, oder? – Jetzt wusste ich auch endlich, warum <u>dieser</u> Personalrat Personalrat hieß: <u>Er riet dem Personal</u>, sicher nicht ohne vorherige Abstimmung mit dem Schulleiter.

Ebenfalls in diesem Jahr muss es gewesen sein, dass einem gewählten Elternvertreter gestattet wurde, mit dem offiziellen schulischen Absender eine Mail an alle Elternvertreter zu senden, um sie gegen mich aufzuhetzen. Das hat anscheinend nicht (sofort) gewirkt. Ich habe jedenfalls nichts davon mitbekommen. Erst lange danach hat mir eine Erziehungsberechtigte von der Aktion erzählt, noch immer empört über das, was inzwischen am GGG möglich ist.[35]

Ich bin Latra weiterhin möglichst aus dem Weg gegangen, duzen durfte er mich schon länger nicht mehr, und ich sah dem Rest des Jahres relativ gelassen entgegen, was sich dann allerdings als sehr verfrüht herausstellen sollte …

Manche Eltern, meiner Meinung nach zu viele, interessieren sich für die schulische Situation ihrer Kinder erst, wenn es auf die Zeugnisse zugeht.

Im Dezember habe ich in einigen Klassen die vermutlich zu erwartenden Noten vorgelesen, Proteste gab es so gut wie keine, aber die Eltern … Mir wurde mitgeteilt (schriftlich? Oder wurde ich wieder einbestellt? Ich weiß es nicht mehr), mindestens drei Väter von Schülern aus meiner damaligen 9 wollten zu einem Gespräch in die Schule kommen, um mir ihre Beschwerden vorzutragen, selbstverständlich in Gegenwart des Schulleiters und selbstverständlich nicht einzeln, sondern nur alle gemeinsam. – Waren das alles Angsthasen? Oder hatte Latra wieder mal gelogen? – Ich habe ihn also wieder gefragt, um wen es gehe und um welche Vorwürfe es sich

---

[35] 1. Diese gute Frau kennt das GGG und mich seit Jahrzehnten. Manche werden sich noch an das gelungene Gedicht erinnern, das ich bei der schönen Feier in der Burgmühle von ihr geschenkt bekommen habe. – 2. Namen nenne ich hier wie an anderen Stellen nicht, weil ich gelegentlich nicht weiß, ob die (inzwischen großen) Kinder noch am GGG sind, und weil ich nicht möchte, dass sie womöglich meinetwegen von schlechten Menschen schlechtere Noten bekommen.

handele. Er wusste angeblich wieder nichts Konkretes, die Rede war von „atmosphärischen Störungen". – Darüber hätte ich ja nun lange nachdenken können … Ich hätte! Stattdessen habe ich, OSTR'n Lic. theol. Christine Feldhaus, am 7.12.2010 beschlossen, künftig keine negativen Noten mehr zu geben, auch nicht auf den Halbjahreszeugnissen, wo sie oft die erhoffte motivierende Wirkung gehabt hatten. Das werden jetzt viele nicht glauben, aber ich hatte es beschlossen! Die betreffende Klasse habe ich gleich nach den Weihnachtsferien von meinem Sinneswandel unterrichtet, ihr meine Beweggründe mitgeteilt und auch gleich die endgültigen Noten. Die Ungerechtigkeit gegenüber denen, die sich für ihre positiven Noten richtig angestrengt hatten, war allen bewusst, aber mit Rücksicht auf meine Nerven blieb mir keine andere Wahl.[36]

Im Januar erwähnt Latra scheinbar beiläufig, das Gespräch stehe ja noch aus. Er ruft den Elternvertreter an, der einen eher fleißigen Sohn und somit keinen Grund für eine Beschwerde hat und an der Veranstaltung auch nicht teilnehmen will, um einen Termin zu vereinbaren. Der Elternvertreter ruft den Vater an, der sich beschweren kommen wollte. Dieser erklärt, er habe kein Interesse mehr an einem solchen Gespräch.

Das war's dann wieder.

Ich hätte mich gerne an der Miene des Schulleiters delektiert, als er das erfahren musste. Es war mir leider nicht vergönnt. Aber vielleicht erwische ich ihn mal, wenn er dieses mein Buch liest? Vedremo![37]

---

[36] Ich hatte Latra in seinem Anfangsjahr als Schulleiter gebeten, mir wild gewordene Eltern vom Leibe zu halten. So was merkt sich so einer! Und die Vorstellung „mindestens drei Väter + Latra gegen mich ganz allein" hat in mir nun doch Panik aufkommen lassen.

[37] Hier zitiere ich nicht Loriot und schon gar nicht Bello, der, wie gebildete Menschen wissen, gar nicht sprechen kann, sondern Hedwig Pringsheim, die oft mit diesem schönen Wort „Vedremo" einen Absatz in einem ihrer vielen (375!) Briefe an ihre Tochter Katja (sic!) Mann beendet. – Der Lektüre dieser Briefe verdanke ich übrigens auch das Wissen, dass Thomas Mann während eines Ferienaufenthalts an der Nordsee sehr diszipliniert allmorgendlich mit Papier und Bleistiften zum Strandkorb geschritten ist, um mit der Arbeit an „Lotte in Weimar" fortzufahren. – Ohne Disziplin keine guten Bücher! (Normalerweise brauche ich keine Vorbilder, aber Thomas Mann darf das momentan mal sein.) – Und Elizabeth George steht um 5 Uhr auf, treibt Sport und schreibt dann täglich 5 Seiten, fünf Tage pro Woche! (Sie feierte unlängst ihren 65. Geburtstag, da konnte man das in der Zeitung lesen.)

Horror und Terror[38]

Allerlei Quälereien will ich hier nur kurz und am Rande erwähnen. So wurden z.b. meine Stundenpläne immer schlechter. Im letzten Schuljahr hatte ich anfangs mittwochs frei, bekam dann aber zwei Stunden vom Donnerstag auf den Mittwoch geschoben. Warum? „Aufgrund einer ministeriellen Weisung." – Wie haben wir gelacht!

Irgendwann sollte ich Ethik unterrichten (ich hatte dem Schulleiter vor Jahren gesagt ... und diesen Satz können jetzt alle selbst vervollständigen).

Irgendwann war angeblich nicht mehr genug Arbeit für mich da (nur noch 15 Wochenstunden bei entsprechend geringerem Gehalt und geringeren Pensionsansprüchen).

Irgendwann sollte ich zur selben Zeit an zwei weit auseinander liegenden Orten Aufsicht führen. Ich war ja Beamtin und habe meine Pflichten stets gewissenhaft erfüllt, aber durfte man <u>das</u> jetzt von mir verlangen?

Als ich dann dienstunfähig war, sollte ein Kollege mir ausrichten, dass ich vermutlich nur simuliere und deswegen froh sein könne, von meinem um mich besorgten Chef nicht zu einem dafür zuständigen Behördenarzt geschickt zu werden.[39]

Im Laufe der letzten Jahre hatte ich gelegentlich erwogen, mir eine andere Schule zu suchen, weil ich des Kämpfens müde war, aber diesen Gefallen wollte ich Latra schließlich doch nicht tun.

Ihn jeden Morgen auf dem Schulweg sehen müssen, wollte ich allerdings auch nicht länger. So bin ich ans andere Ende der Stadt gezogen und in dieser und über diese Wohnung sehr glücklich.[40] Und meinem Ex-Peiniger begegne ich nur ganz selten. Er scheint sehr häuslich zu sein, aber vielleicht gibt es auch einen unterirdischen Gang von der Oberstadt zum

---

[38] Denken Sie bitte auch hier wieder an das, was ich im Vorwort geschrieben habe!

[39] Einem solchen Menschen hätte ich sehr gerne geschildert, was ich erlebt hatte, aber ich musste erfahren, dass unsereins sich nicht selbst melden darf. Die Politik muss das ändern!

[40] Mit Spülmaschine! Nach einem Kurstreffen müsste niemand mehr den Abwasch machen. (Irgendwo habe ich noch ein Foto, auf dem Ansgar Gietmann in meiner alten Küche zu sehen ist.)

GGG? Das frage ich bei nächster Gelegenheit unseren tüchtigen Bürgermeister. Der wird das wissen. Oder den Ortsvorsteher Prof. Dr. Lupton (Vater eines ehemaligen Schülers).

Zurück zum September 2011! Die Klassenlehrerin der damaligen 7.6, meine Lehrerzimmergenossin Gisela Becker, wollte mit allen, die in ihrer Klasse eingesetzt waren, über einige Problemfälle sprechen. Dieser Gedankenaustausch war sehr informativ.[41]

Am 27.10.2011 findet eine Gesamtkonferenz statt, auf der der Schulleiter zwar sehr leise und genuschelt, aber dennoch bis zu uns in der letzten Reihe vernehmbar einige für die Schule sehr unangenehme, für ihn offensichtlich sehr peinliche Fakten mitteilen muss. Das kann vorkommen. Aber wie ist nun die korrekte Bezeichnung für den Strafbestand (nennt man das so?), wenn im einige Tage später im Lehrerzimmer ausliegenden Protokoll gerade diese Fakten unerwähnt bleiben? „Versuchte Volksverdummung"?

Ich rege mich auf, als ich das bemerke, tue laut meine Meinung dazu kund und mache mich auf die Suche nach der zuständigen Protokollantin, einer sehr erfahrenen und sehr korrekten Kollegin. Die regt sich auch auf und sagt mir, auf Weisung des Schulleiters habe sie bei diesem Tagesordnungspunkt kein Protokoll geführt. Ihr seien 2 oder 3 Seiten angekündigt und nach der Konferenz ausgehändigt worden, die sie einfach übernehmen sollte.[42]

Bald nach der vorhin erwähnten Klassenkonferenz ruft die Mutter eines der betroffenen Kinder in der Schule an, um mit mir einen Termin zu vereinbaren. Latra bekommt das mit und reagiert wieder ganz fix. Der Anruf wird nicht an mich weitergeleitet, sondern der verständnisvolle Direktor nimmt sich höchstpersönlich der Mutter an ...[43]

---

[41] Sie können sich das vorstellen: Mancher Schlingel sitzt z.B. wie ein braves Lämmchen im Mathematikunterricht, um anschließend dem Musiklehrer freche Antworten zu geben.

[42] Normalerweise ist das ja praktisch, und ich hätte diese Regelung früher auch akzeptiert, weil unter dem betreffenden Tagungsordnungspunkt z.B. mitgeteilt wurde, wie oft das GGG in der Presse erwähnt wurde, wann die beweglichen Ferientage sein würden und wann Weihnachten ...

[43] Als ich an einem der folgenden Tage die Mutter wegen eines Termins angerufen habe, war sie zu meiner Verblüffung fuchsteufelswild: Der Direktor habe sich eine

Wie es weiterging, wissen Sie jetzt schon selbst: Ich wurde zu einem Gespräch befohlen. Teilnehmen wollte der Direktor (Überraschung!!!), der Klassenlehrerin sollte die Teilnahme nicht gestattet sein (keine Überraschung).

Ich jedoch konnte und wollte nicht mehr und habe mir für den Zeitpunkt, an dem das Gespräch stattfinden sollte, einen Termin bei meiner guten Ärztin geben lassen, um ihr einen Zehennagel zu zeigen, der meiner Fußpflegerin nicht ganz geheuer schien. Der Nagel war völlig harmlos, und ich war endlich so klug, der Frau Doktor meine Situation zu schildern. Sicher habe ich dabei gezittert und gestottert, denn meine Ärztin sagte, als ich fertig war, erst mal nur den einen Satz, den ich nie vergessen werde: „Da gehen Sie nicht mehr hin!".

Nun schien guter Rat zunächst teuer. Wie sollte Latra mich zu einem neuen Gesprächstermin beordern, wenn ich nicht in der Schule war? – Aber es gab ja andere Möglichkeiten, z.B. den Telefonterror.

21.11.2011, 19.25 Uhr, ein Anruf von 015159202486, nach einem Sekundenbruchteil abgebrochen, direkt danach mit unterdrückter Nummer (wie dumm!).

22.11., 20.15 Uhr Anruf mit unterdrückter Nummer.

23.11., 10.30 Uhr dito; 20.45 (!) Uhr mit sichtbarer Nummer (s.o.).

3.12., den ganzen Tag, mit unterdrückter Nummer.[44]

Das war zwar noch nicht ganz das Ende meiner Zeit als (hervorragende!) Lehrerin, aber vor einer Klasse habe ich seitdem nicht mehr gestanden, wie mir eben auffällt.

<u>Mein damaliger Plan: Gesund werden! Am 29.6.2012 verabschiedet werden! Ein großes Fest feiern!</u>

Dass ich diese Ziele erreicht habe, wissen viele von Ihnen schon länger, die Anderen haben es beim Lesen dieses Buches gemerkt, und ich erzähle auch immer gerne, wie gut es mir wieder geht.

Aber bevor ich mich diesen erfreulichen Aspekten widmen kann, gibt es noch einiges Gruseliges zu lesen. Versprochen![45]

---

halbe Stunde (!) Zeit für sie genommen, sei sehr verständnisvoll gewesen, und sie wolle mit mir nur noch in seiner Anwesenheit sprechen.

[44] Bell, falls Sie das jetzt wider Erwarten nicht waren, kümmern Sie sich bei einer der bekannten Überwachungsfirmen um Sie entlastende Dokumente!

Geisteskrank (1. Versuch)

Ich war nun also dienstunfähig, hatte aber weder Pest noch Cholera und bin am Montag, dem 5.12.2011, relativ vergnügt in die Schule gegangen, um etwas abzugeben und um in der wissenschaftlichen Bibliothek ein Buch auszuleihen. Jemand aus der damaligen 9.5, die ich in Latein unterrichtet hatte, muss mich gesehen und die anderen zusammengerufen haben. Man entschloss sich, mir zu Ehren eine Art Militärparade durch die Bibliothek zu veranstalten. Herrlich! Leider hat niemand ein Foto gemacht, aber Raffio hat offensichtlich den Aufmarsch bemerkt.

Es gibt leider auch kein Foto von der folgenden Szene! Latra war in der Personalratssitzung, um mit diesem (zum großen Teil auch von mir gewählten!) Gremium über das Personal zu beraten.

Also kommt Raffio ohne den Oberdirektor und erklärt mir in Anwesenheit der verdutzten Mitarbeiterinnen, ich hätte umgehend das Gebäude zu verlassen. Nach 15 Uhr, wenn keine Schüler (Schülerinnen sind sicher auch gemeint) mehr da sind, darf ich wiederkommen.[46] Für den Fall, dass ich mich weigern sollte, wird mir mit der Polizei gedroht.

Absurd, oder? Oder irre?

Ich bin gegangen, aber schon auf dem Schulhof ist mir meine gute Mutter eingefallen, die gelegentlich „Lass Dir nichts gefallen!" zu sagen pflegte. Folglich bin ich die andere Treppe gleich wieder hoch, habe bei Raffio geklopft und vor der Tür stehend diesen Rauswurf nebst Begründung schriftlich verlangt. Er: Ich solle doch erst einmal in sein Büro kommen. Dieses zu tun habe ich mich strikt geweigert und bin stattdessen auf dem Flur stehen geblieben, um dort auf das Schreiben zu warten.

Bei der Schulleitung brach eine gewisse Unruhe aus, Frau Juchelka kam angerannt[47] und verschwand im Geschäftszimmer, derweil ich draußen mit vorbeikommenden freundlichen Menschen nett geplaudert habe.

---

[45] Das Buch heißt schließlich „Psychoterror"; da dürfen Sie schon noch einiges erwarten.

[46] Der Mann macht vermutlich pünktlich Feierabend und ahnt gar nicht, welch reges Treiben in der Schule auch nach 15 Uhr noch herrscht.

[47] Wieso eigentlich Frau Juchelka? War sie da schon Studiendirektorin? Und warum? (Befördert wurde am GGG schon damals nur noch heimlich.)

Irgendwann konnte ich nicht mehr stehen und habe mich hingesetzt, in Ermangelung einer anderen Möglichkeit notgedrungen auf den Fußboden. Frau STD'n Venus-Koch wurde meiner ansichtig und brachte sofort einen Stuhl und ein Glas Wasser, vielleicht schien sogar die Sonne? – Ich hatte Zeit und war vergnügt.

Frau Schlagbauer eilte herbei und ging ins Geschäftszimmer, im Schlepptau OSTR Wolfgang Schmidt, der mir auf dem Flur Gesellschaft leistete.

So ging das eine ganze Weile, bis mir plötzlich klar wurde, dass das alles nichts Gutes zu bedeuten hatte! Mein Warten auf den schriftlichen Bescheid sollte als ein Zeichen von Geisteskrankheit dargestellt werden! Und gerne dabei behilflich war Signora Intrigante II. Sie kannte meine kleine Familie und hatte von mir – wie etliche andere Menschen auch – oft erzählt bekommen, wie ich besonders in den letzten Monaten von diesem Gruselduo malträtiert worden war. Aber der Obrigkeit ist man ja gerne mit Informationen behilflich, da war und ist sie leider kein Einzelfall …

Die Telefonnummer eines entfernten Verwandten (er wohnt in Bremen) war schnell gefunden, und ihm wurde erzählt, dass ich in der Schule Pamphlete verteile und ich weiß nicht was sonst noch alles anstelle.[48]

Zwei von den im Geschäftszimmer beschäftigten guten Menschen mussten das alles aus nächster Nähe mit ansehen und konnten doch nichts tun. Eine von ihnen war vor Ekel grün im Gesicht, die andere weiß wie Kalk – oder umgekehrt.

Dürfen Chefs ihren Untergebenen Derartiges zumuten? – Ich will erreichen, dass sie um Entschuldigung bitten müssen!

Wie es an dem Tag weiterging, ist nicht mehr so wichtig, und mit Rücksicht auf meine Nerven will ich jetzt auch nicht mehr daran denken.

Später kam ein amtliches Schreiben: Am 28.12. sollte ich mich in der psychosozialen Abteilung des hiesigen Gesundheitsamtes einfinden. Dazu hatte ich weder Lust noch sah ich die Notwendigkeit und habe folglich telefonisch abgesagt.

---

[48] Gelegentlich hatte ich den Kolleginnen und Kollegen etwas geschrieben, nach meinen Klassen gefragt o.ä. Für diese Mitteilungen etc. habe ich ein leicht getöntes Papier gewählt, das von weitem als meines zu erkennen war.

Am 7.12. fand in der Aula der Vorlesewettbewerb statt, und ich hatte meinen Kleinen, die jetzt natürlich schon groß sind, versprochen zu kommen und gemeinsam mit ihnen die Vertreterin der Klasse[49] zu unterstützen. Womit ich nicht rechnen konnte, war die Anwesenheit Latras, der sich in früheren Jahren für diesen Wettbewerb wenig interessiert hatte. – Offensichtlich hatte Raffio ausgeplaudert,[50] dass er mich des Gebäudes verwiesen hatte, dabei aber wohl verschwiegen, dass ich es nach 15 Uhr wieder hätte betreten dürfen. – An diesem Nachmittag wollte mich also der Oberdirektor höchstpersönlich auch gerne mal rauswerfen, ich wollte aber dableiben und bin auch geblieben, bin in der Pause durch die Aula geschlendert, habe mich mit Kindern und Eltern unterhalten, den Kolleginnen für ihr Engagement gedankt, leckeren Kuchen gegessen usw. usf., allerdings ständig verfolgt von Latra, dessen Miene durchaus nichts Gutes verhieß.

Irgendwann saß ich zwischen den Kindern, und er quetschte sich durch die Reihen auf mich zu – mit einem von Wut und Hass derart verzerrten Gesicht, dass ich meinte, einen solchen Anblick den Jungen und Mädchen nicht zumuten zu dürfen. Ich bin also weitergewandert und habe Bekannte auf die Situation aufmerksam gemacht, was den Jagdeifer offensichtlich ausgelöscht hat. Jedenfalls ist er (der Chef) bald danach verschwunden, und ich konnte ungestört den Siegerinnen und Siegern applaudieren.

Jetzt muss ich nur noch vom Sonntag, dem 11.12. 2011, erzählen, und dann ist dieses für mich nicht so lustige Kapitel geschafft. Aber entspannen Sie sich: Der Schluss wird amüsant!

Latra alleine zu begegnen, wäre schon damals sehr gefährlich für mich gewesen und ist es heute nicht minder, aber ich musste dringend einige Sachen in die Schule bringen: Material etc. für die Kolleginnen und Kollegen, die meine Klassen übernehmen sollten, Bücher, die ich mir geliehen hatte und jetzt zurückgeben wollte, und dergleichen mehr, vor allem ein Pamphlet für Matthias Dickert ganz alleine. Es gab zu dieser Zeit in unserem Lehrerzimmer eine Kollegin, die er besonders gern gemobbt hat, weil sie in Sorge um mich morgens meine jeweils neuen (und wirklich harmlo-

---

49   Ich meine, das sei Rebecca gewesen. Entschuldigt bitte, wenn ich mich irre!
50   Vgl. Anm. 8.

sen, oft lustigen) Schreiben an einzelne Kolleginnen und Kollegen in Aufregung und leider ohne sie zu lesen eingesammelt und versteckt hat. – Der Mann brauchte ein Extrapamphlet! Ich habe ihn also schriftlich aufgefordert, ab sofort diese freundliche Frau in Frieden zu lassen und sich am besten umgehend ein anderes Lehrerzimmer zu suchen.

So bin ich am Sonntag, begleitet und beschützt von einem großen, starken sehr guten Bekannten, gleich nach der Messe in St. Peter zur Schule gegangen, um die diversen Dinge zu erledigen. Vorsichtshalber habe ich die Tür zur kleinen Küche abgeschlossen und den Schlüssel stecken lassen, Emil (ein Pseudonym!) hat auf dem Gang Schmiere gestanden.

Weil ich ja nicht wollte, dass dieses Extrablatt dasselbe Schicksal ereilte wie die früheren, habe ich es erst einmal auf Dickerts Tisch geklebt und dann ein wenig festgenagelt (nie zuvor war ich mit einem Hammer und einem Nagel in der Kirche, danach auch nie wieder!).

Die Hausmeister zu ärgern, war auch nicht meine Absicht, also gab es noch einen großen Zettel mit meiner Mitteilung, dass ich den Tisch als Andenken haben wollte und selbstverständlich bezahlen würde.[51]

Am nächsten Morgen wäre ich gerne dabei gewesen! Ein tüchtiger Theologe fühlte sich an Martin Luther erinnert, es soll ein großes Hallo gegeben haben … Die Schulleiter, die von dem betroffenen Kollegen sicher sofort alarmiert worden sind, waren vielleicht nicht so amused. Oder gerade doch, weil sie sich womöglich eingebildet haben, sie hätten nun endlich einmal etwas Konkretes gegen mich in der Hand? Das kann gut sein, denn ein Kollege erzählte mir später, als er sehr früh und wahrscheinlich als erster unser Lehrerzimmer betreten habe, sei das Blatt mit meinem Kaufwunsch nicht mehr vorhanden gewesen. Ich hatte es leider nicht festgenagelt … und den guten Hammer habe ich später auch nicht mehr gefunden.[52]

---

[51] Gemäß einem Motto meiner lieben Freundin Elisabeth (in Hamburg): „Man gönnt sich auch sonst alles."

[52] Die Herrschaften vom MKK (ein Jurist Fischer und ein Azubi, ein Gerichtsvollzieher und was weiß ich, wer noch alles) sollen jetzt nicht beleidigt sein, weil ich sie nur hier und nur so kurz erwähne. Dank ihres Engagements habe ich auch mal ein

Geisteskrank (2. Versuch)

Ob mir langweilig war? Eigentlich ist mir nie langweilig. Wahrscheinlich gab es am Montag, dem 12.12.2011, erneut etwas zu erledigen, und ich bin also wieder in die Schule gegangen. Um auf gar keinen Fall Latra zu begegnen, hatte ich die Zeit gewählt, zu der er sich mit dem Personalrat über das übrige Personal zu beraten pflegt. Die Mitarbeiterinnen in der wissenschaftlichen Bibliothek haben sich über meinen Besuch gefreut, wir haben ein wenig geplaudert, und dann wollte ich mich wieder auf den Weg machen.

Wie er es angestellt hat, weiß ich nicht. Vielleicht wurden schon damals alle, die durch die Gänge gingen, gefilmt. Oder die Gespräche, die in der Bibliothek geführt wurden, wurden mitgehört, was mich inzwischen auch nicht mehr wundern würde. Jedenfalls sichtet Raffio mich wieder, rennt (sic!) in die Personalratssitzung, holt den Oberdirektor, und dann nehmen die beiden die Verfolgung der alten kleinen Frau Feldhaus auf, die ihnen zu entkommen sucht.[53]

Ich stürze (= eile) die Treppe hinunter und gelange ins Freie, merke aber schon auf halbem Weg auf dem Lehrerparkplatz, dass sie mich vor dem Erreichen des Bürgersteigs und der Straße erwischen würden. Ich mache also halt und harre der Dinge, die da kommen sollen. Latra stiert mich so hasserfüllt an wie beim Vorlesewettbewerb, der andere geht ein paar Schritte beiseite und greift zum Telefon.[54]

Landgericht von innen gesehen, aber ich habe keine Lust, mich ausführlich mit dieser Schlüsselposse zu beschäftigen.

[53] Sehr interessant finde ich in diesem Zusammenhang etwas, was mir neulich unsere freundliche Kollegin Dr. Brigitte Noeske erzählt hat: Hunde (sie war mit Condor [sic!] unterwegs) seien derart dumm, dass sie allem, was sich schnell bewegt, hinterherrennen wollen, sogar einem ICE. – Da hatte ich für den Rest des Tages allerlei zu bedenken. Und wenn dann einer auch noch „Latra" heißt ... vgl. auch Anm. 38.

[54] Wie unlängst der römisch-katholische Bischof in Regensburg (nicht Müller, schon dessen Nachfolger). Das war nämlich so: In dieser schönen Stadt (sie ist eine meiner Neuentdeckungen) hatten sich etwa dreieinhalb oder vier Nazis für eine Demo angemeldet. Weil ich schon mal da war, habe ich mich zu den Gegendemonstranten gesellt, ein wenig geplaudert, auf die Vorgestrigen gewartet und z.B. großen Spaß gehabt, als der Küchenchef des Kolpinghauses mit seinem Team anmarschiert kam,

Nur wenige Minuten später ist die Polizei zur Stelle,[55] eine Beamtin namens   und ein sehr junger Kollege. Ich halte instinktiv Abstand,

                               – Die Schulleiter haben sich diskret
und ohne sich zu verabschieden zurückgezogen, ich habe keine Angst
mehr (vor der Polizei!!!) und will
auf meine Klassen warten. – Es muss in wenigen Minuten zur großen
Pause gongen. –

                                                              (oben
durchs Fenster glotzt Raffio),

                                                                 .
Ich finde das alles witzig, ich muss nicht direkt lachen, stelle aber mal
ihr, mal ihm   .
Richtig gut voran kommen wir auf diese Weise nicht, wir sind immer

---

alle in ihrer Dienstkleidung und mit schönen „Instrumenten". Man sah und hörte
riesige Pfannen und Töpfe, metallene Deckel und hölzerne Fleischklopfer und dergleichen Utensilien mehr. Herrlich! – Der Herr Bischof hatte verbreiten lassen, er
müsse an dem Tag leider einer auswärtigen Verpflichtung nachkommen.
   Der Aufmarsch der Nazis endet direkt vor dem Dom, und wir vielen, vielen Gegendemonstranten können sie nur mit etwas Glück überhaupt sehen, weil die Polizei
gut aufpasst, dass z.B. ich kleine alte Frau keinen Nazi verhaue. Ich gehe ganz kurz in
das direkt benachbarte Domrestaurant, das vielleicht etwas anders heißt, um mir für
den Abend einen Tisch reservieren zu lassen. Und wer tafelt dort in froher Runde?
Genau: Der Bischof! Soll man das für möglich halten? Also sage ich dem feinen
Herrn, wie ich das finde, und hole schnell zwei von meinen neuen Bekannten, die
ein Foto machen und es direkt an die Lokalzeitung schicken. Da steht der große
Mann auf, greift nach seinem Telefon und fragt mich nach meinem Namen. Den
Rest können Sie sich denken: Mir fiel Raffio ein, und ich habe in Panik vorsichtshalber die Flucht ergriffen. Am nächsten Tag sind wir uns zufällig (?) noch einmal begegnet. Er (jetzt ohne Gefolge, ohne Protzkreuz, in einem Trachtenanzug, sehr pam-
pig): „Sagen Sie mir jetzt Ihren Namen?" Ich (sehr höflich): „Warum denn gleich so
frech?" Aber da musste er leider schnell zum Zahnarzt … (Wenn Sie gelegentlich in
die Gegend kommen, schauen Sie sich doch einmal die umgebaute Residenz an! Ich
wurde an sie erinnert, als der Kollege in Limburg ins Gerede kam.)

55   Vgl. Anm. 38.

noch auf dem Platz.

Irgendwann habe ich keine Kraft und keine Lust mehr und

.

Jetzt müssen andere Spezialisten her! Ein Wagen vom Roten Kreuz wird gerufen. Die kommen nicht ganz so schnell wie vorher die Polizei, aber immerhin. Der Chef der beiden ist ein Flegel und zerrt recht unprofessionell an mir herum, der andere lässt sich von mir sagen, was mich meine hervorragenden (!!!) Physiotherapeutinnen Pia W. (inzwischen J.) und Christiane D. gelehrt hatten, und hilft mir schließlich aufzustehen.[57]
Ich

. Von Herrn Mollath weiß die Öffentlichkeit noch nichts, aber ich weiß, dass ich <u>nicht</u> eingewiesen werden will. Die Jungs vom Roten Kreuz halten mich offensichtlich nicht für so sehr geisteskrank und kommen meiner Bitte nach, mich zu meiner Ärztin zu fahren.

(Sind Sie schon einmal mit einem Krankenwagen chauffiert worden? Ahnen Sie, was das kostet? Möchten Sie wissen, ob Latra den „Spaß" wenigstens bezahlt hat? Oder   , die den Wagen schließlich bestellt hatte? – Wenn Sie nicht ins Grübeln kommen wollen über unseren Rechtsstaat, dann wollen Sie das lieber nicht wissen!)

Wir fahren also nach Meerholz zu meiner Ärztin. Ich muss nicht in das Polizeiauto, sondern darf in den Krankenwagen. Der Flegel fährt, gelegentlich dreht er den Kopf nach hinten, was ich nicht leiden kann und

---

[56] Diese vier Wirbel hatte ich mir einzeln im Laufe der letzten Jahre gebrochen. Weil ich aber jeweils an einen Hexenschuss o.ä. gedacht habe, habe ich mich nicht krank gemeldet, sondern weiter meinen wertvollen Unterricht erteilt. So sind die Knochen notgedrungen von selbst wieder zusammengewachsen, und ich habe erst im Januar 2009 und eher zufällig erfahren, was ich da hinter mir hatte und womit ich auch in Zukunft rechnen muss.

[57] Pia und Christiane machten und machen sich auch sehr um meinen aufrechten Gang verdient! Danke!

ihm – ohne Erfolg – mehrmals untersage. Der andere plaudert nett mit mir.

wird bald vorgelassen, der Kollege muss draußen bleiben, ich sowieso, die Sanitäter auch – und nach wenigen Minuten ist der Spuk vorbei, die Polizei rückt ab.

Ich habe noch kurz mit meiner Ärztin gesprochen und bin dann mit einem Taxi heimgefahren. Der Fahrer (nicht von Barbarossa-Taxi, die hören keinen Polizeifunk ab) wusste schon, dass am GGG eine irre alte Lehrerin herumlief, aber ich habe mich nicht dazu geäußert, sonst hätte er womöglich noch um ein Autogramm gebeten. Ich wollte nur nach Hause.

Nachmittags habe ich die verschmutzten Kleidungsstücke in meine Lieblingsreinigung gebracht, wo mich Frau Klein und ihre nette Mitarbeiterin (Frau Leis) ein wenig aufgemuntert haben.

Für die Fahrt zur Städtischen Klinik in Hanau habe ich mir wieder ein Taxi gegönnt[58] und auf diese Weise Hessens beste Taxifahrerin kennengelernt: Frau Gertraude Oestreicher.[59] – In der Klinik musste ich lange warten, dann hat mich ein Neurologe nach dem Wochentag und der Jahreszeit gefragt, mir eine Rechenaufgabe gestellt (– das hätte ja nun schiefgehen können!) und zum Schluss eine üble Fangfrage: „Wie heißt der Bundeskanzler?" Selbstverständlich wusste ich, dass wir eine Kanzler<u>in</u> hatten, und deren Namen wusste ich auch!

Ergebnis: Wieder nicht geisteskrank.

Heimgefahren hat mich dann Hessens andere beste Taxifahrerin: Frau Renate Holien.

Wie froh war ich, dass dieser Tag vorüber war!

In seinem 1930 (!) veröffentlichten Roman „Erfolg" lässt Lion Feuchtwanger den Maler Landholzer sagen: „… wenn Sie sagen, was ist,

---

[58] Ich hatte damals ja noch Vertrauen in unseren Rechtsstaat und dachte, dass Latra u. Co. mir diese und viele andere Ausgaben irgendwann würden erstatten müssen. Während der „mageren Jahre" musste ich mich z.B. mehrmals komplett neu einkleiden (minus 25 Kilo!), immer sehr kompetent und freundlich beraten von Frau Meyer im Modehaus Hoppe. Dazu die Gehaltseinbußen, die geringere Pension, die Mehrkosten für die neue Wohnung usw. usf.

[59] Das hessische Fernsehen sollte sich dieser Personengruppe bald einmal annehmen. Danach bitte „Hessens beste Lateinlehrerinnen" und dann „Hessens beste Religionslehrerinnen". „Direktoren" müssen nicht sein.

kommen Sie ins Narrenhaus. Nur im Narrenhaus dürfen Sie sagen, was ist. Folglich will jeder Vernünftige ins Narrenhaus."

Ich will und werde auch in Zukunft sagen, was ist. Ich will aber nicht ins Narrenhaus. Umgebracht werden will ich auch nicht, und das ist jetzt mal keiner meiner berühmten Scherze!

Geisteskrank (3. Versuch)

Vor den Weihnachtsferien 2011 war ich eigentlich drei Tage dienstfähig und wollte einige Geschenke abgeben, lieben Menschen schöne Ferien und frohe Weihnachten wünschen und dergleichen mehr. Leider habe ich es nur ein- oder zweimal geschafft, die Lehranstalt zu betreten. Wieso, wollen Sie wissen? Ganz einfach: Für die Feldhaus keinerlei telefonische Auskunft! Ich musste ja wissen, auf welche Klassen ich mich vorzubereiten und was ich mitzunehmen hatte. Um entsprechende Informationen zu bekommen, hätte ich mich persönlich bei den Schulleitern einfinden müssen (sicher wieder zwei oder mehr gegen mich allein). Ich bin also versuchsweise kurz in die Schule, habe aber bald den Rückzug angetreten, weil ein längeres Verweilen meiner Gesundheit geschadet hätte. Das kurze war schon anstrengend genug.

Was macht frau, wenn sie sich so plötzlich und unverhofft im Ruhestand befindet? Manche Lehrer und Lehrerinnen würden ja länger unterrichten, wenn man sie nur ließe,[60] aber ich kann zum Glück auch sehr gut ohne Schule:

Ich habe mir meine erste Bahncard 100 gekauft[61] und mich immer mal wieder auf den Weg gemacht, im Bedarfsfall stets bestens beraten von Frau Nicole Weitzel oder einer ihrer freundlichen Kolleginnen im Reise-

---

[60] Mein eigener Großvater soll sehr traurig gewesen sein, als er nicht mehr in seine Schule durfte.

[61] Die für reiche Leute; wenn man die hat, darf man in Frankfurt und anderen großen Städten in den dort vorhandenen Reiche-Leute-Wartesaal, man sitzt gemütlich, bekommt von freundlichen Menschen gratis Speisen und Getränke serviert und was dergleichen Annehmlichkeiten mehr sind.

büro Hempel. Eine kleine Auswahl dessen, was ich genossen habe: Spargel mit Kratzete im „Bären" , das Münster und das Augustinermuseum in Freiburg; eine wunderschöne alte Stadt, berühmt für ihr Marzipan: Lübeck; schöne Konzerte in Münster und Dresden … Mit Rücksicht auf alle, die noch nicht in Pension sind, will ich es hiermit bewenden lassen. – Nein, Rom fehlt noch! Da war die Bahncard allerdings nicht so wichtig (Eure Museumsuferkarten leider auch nicht[62]). Das war eine schöne Zeit.

In diesen Februarwochen (2014) bin ich meistens daheim, weil ich ja ein Buch schreiben muss, aber dann geht es wieder los. Ich liebe Städtereisen, und dazu kommt, dass in den besuchten Städten sicher auch böse Männer (und Frauen) wohnen, aber keine, die es auf mich abgesehen haben.

Am Donnerstag, dem 26.1.2012, konnte ich nicht verreisen, weil ich um 12 Uhr im hiesigen Amtsgericht erwartet wurde. Der Magistrat der Stadt Gelnhausen hatte sich an diese Stelle gewandt mit dem Ersuchen, meinen Geisteszustand zu überprüfen und eine Betreuung für mich zu bestellen, da ich u.a. unter Verfolgungswahn litte.[63] Schon interessant, oder? Und ich habe Ihnen noch nichts vom Würger erzählt … Also: Geisteskrank – 3. Versuch. – Aber das war nun ein wirklich angenehmes Stündchen! Zwar erwarteten mich überraschenderweise außer der mir bis dahin unbekannten freundlichen Richterin zwei weitere mir ebenfalls unbekannte Frauen, von denen die eine, die am Fenster gesessen hat, mich offensichtlich nicht leiden konnte (Raffios Freundin? Latras Nachbarin? Oder umgekehrt? Keine Ahnung!), aber ich war ausnahmsweise nicht allein, sondern in Begleitung meines ersten damaligen Anwalts.[64]

Ich durfte erzählen, warum ich dienstunfähig war (vgl. Kapitel drei bis zum ersten Teil dieses Kapitels). Von manchem, was das GGG betraf, wusste die Richterin schon. Als ich mit meinem Bericht fertig war, stellte sie fest, ich sei nicht geisteskrank, was sie natürlich anders formuliert hat und was mich nicht wirklich überrascht hat. Ich wurde freundlich verabschiedet und konnte gehen. Ob ich die entsprechende schriftliche Be-

---

[62] Vgl. Anm. 8.
[63] Vgl. Anm. 38.
[64] Nach dem ersten Versuch, mich unschädlich zu machen, hatte ich einen Experten für Verwaltungsrecht engagiert.

stätigung sofort mitnehmen konnte, weiß ich nicht mehr. Vermutlich kam sie später mit der Post. Seitdem pflege ich mitunter gerne zu sagen: „Ich bin nicht geisteskrank! Das habe ich schriftlich!"

Nun will ich noch etwas verraten, was vor allem manche Mitarbeiterinnen in der wissenschaftlichen Bibliothek erstaunen wird und was ich bislang – diskret, wie ich bin – für mich behalten habe: Am 27.2.2012 hat mir OSTR Jochen Karalus[65] das Betreten der Bibliothek verboten, vorerst bis nach den Osterferien. Ich hätte mich zahlreicher übler Vergehen schuldig gemacht, von denen er nur drei ansprechen wolle. Erstens hätte ich im Dezember nicht an der Adventfeier teilgenommen, zweitens hätte ich vom Büro aus stundenlang mit meinem Anwalt telefoniert und so die Arbeit in der Bibliothek massiv behindert, und drittens hätte ich das Montagsteam angewiesen, während der Dienstzeit die damals von Herrn Tobias Gros in die Schule gebrachten Sparschweine mit den allseits beliebten Geschenkbändchen zu verzieren. „Aha", dachte ich, „wieder hat Latra jemanden gefunden, der ihm die Drecksarbeit gerne abnimmt." (Warum machen solche ihre Drecksarbeit eigentlich nicht selbst? Und warum finden sich immer wieder welche, die gerne behilflich sind? Ich weiß, gerade zum Thema Helfer ist viel geforscht worden, aber ich verstehe es trotzdem nicht.)

Zu den ausgewählten üblen Vergehen! Ich war an dem besagten Nachmittag zwar in der Schule, was die Damen Dübotzky bezeugen können, sah mich aber nicht in der Lage, die Bibliothek zu betreten. Schon bei der Vorstellung, wem ich dort zwangsläufig begegnen würde, wurde mir speiübel. – Ad 2: Gelogen. – Und bei 3 sind wir wieder auf dem Niveau des angeblich von mir angeordneten Beifalls am Ende meiner Unterrichtsstunden ...[66]

---

[65] Sie erinnern sich: In einem früheren Kapitel habe ich ihn als anständigen, klar denkenden, auf der richtigen Seite stehenden Menschen dargestellt.

[66] Bei unserer Verabschiedung erzählte mir meine sehr liebe Freundin Ursula Zwergel (sie war bei der Feier am Vormittag eine meiner beiden Leibwächterinnen), zu ihrer Verblüffung hätten sich mehrere (!) Personen bemüßigt gefühlt, ihr den eigentlichen Grund und die Notwendigkeit meines Ausschlusses aus der wissenschaftlichen Bibliothek zu erklären. Nach Namen habe ich sie nicht gefragt, die Zeit war zu kostbar. Jedenfalls war keine Rede mehr von Geschenkbändchen. (Wer neugierig ist, darf hier schon mal kurz in das Kapitel „Baci von Bell – Kekse von Kanthak" schauen.)

Meine restliche Zeit im Dienste des Landes Hessen habe ich sehr angenehm verbracht (s.o.) und war schließlich wie geplant am 29.6.2012 gesund genug, um die Feierlichkeiten zu genießen.

Juni 2012

Am Samstag dem 16. war ich zu einem Treffen derer geladen, die 25 Jahre zuvor ihr Abitur gemacht hatten. Mein damaliger Leistungskurs war gut vertreten, die Einzelnen wussten Interessantes zu erzählen, weder Latra war zu sehen noch Raffio, Karalus ist mir aus dem Weg gegangen – kurzum, ich habe mich sehr wohl gefühlt.

Nächste Feier am Montag dem 18.! Die Fachschaft Latein traf sich vollzählig im Garten unserer lieben Kollegin Marie-Luise Brockmann-Dastrange, um mich zu verabschieden[67] und mir bei der Gelegenheit eine Museumsuferkarte für Frankfurt und Offenbach zu schenken. Das Wetter war wieder prächtig, Speisen und Getränke haben mir vortrefflich gemundet, und als Clou erwies sich die hervorragende Rede meines stets freundlichen Kollegen Thomas Kleer (seit der Pensionierung von Anita Schultheis mein Chef in der LMF). Er meinte, ich sei von uns allen die beste. Und ein Thomas Kleer lügt nicht! Ich sah auch gar keinen Grund zu widersprechen, sondern habe nur darauf hingewiesen, dass ich schließlich auch die älteste war und somit schon mehr als die anderen erlebt hatte.

Am Dienstag dem 19. war es beinahe etwas zu viel. Zuerst der Abiturgottesdienst in der Marienkirche. Latra und Raffio (natürlich in der ersten Reihe) wurden sichtlich sehr nervös, als sie mich entdecken mussten (natürlich in der letzten Reihe[68]). Dann war ich kurz in Roebs schönem klei-

---

[67] Die Fachschaft röm.-kath. Religionslehre hatte mich schon einige Tage zuvor mit einem schönen Blumenstrauß beschenkt; dass ich inzwischen zur alt-katholischen Kirche übergetreten war, hat sie offensichtlich nicht gestört. – Wer sich über den Namen dieser Kirche wundert, möge mich fragen oder in sein Kirchengeschichtsbuch schauen.

[68] Langes Sitzen bekommt mir nicht, und so stehe ich, möchte aber anderen nicht die Sicht nehmen.

nen Hof, wo wir Beatrix Sibert verabschiedet haben,[69] und um 20.15 Uhr lief in Schneevogels empfehlenswertem Kino „Habemus Papam", seitdem einer meiner allerliebsten Lieblingsfilme.[70]

Folgenden Plan habe ich gefasst, noch während der Film lief: Ich wollte viele freundliche Menschen anlässlich meiner Pensionierung zu einer Sondervorstellung einladen, z.b. die Ethik- und Relikurse, alle Lateingruppen, die allerdings in der Lage sein sollten, „Habemus Papam" zu übersetzen, die Abiturientinnen und Abiturienten, die noch nicht verreist waren, und die ehrenamtlichen Mitarbeiterinnen in der wissenschaftlichen Bibliothek. Herr Schneevogel fand die Idee so gut wie ich, er hat mir ein Glas Wein spendiert (hat der Würger das vielleicht gesehen als er meinte, ich sei mal wieder „besoffen"?), und wir haben uns trotz der sehr fortgeschrittenen Stunde sofort an die Arbeit gemacht und Einladungen an die einzelnen Gruppen formuliert. Ein beliebiger Tag in der folgenden Woche wäre ideal gewesen (Sie verstehen: die letzte Schulwoche vor den Sommerferien, keine Bücher mehr, keine Lust …), auch was die Uhrzeit betraf, hatte der Stundenplandirektor die freie Wahl. Und weil ich ja wusste, wie schnell ein einsames Blatt Papier im GGG verschwinden kann, hat Herr Schneevogel am nächsten Tag 10 oder mehr Kopien mit einem Gruß von mir im Geschäftszimmer abgeliefert. Und jetzt halten Sie sich fest: Die Schulleiter haben sämtliche Einladungen verschwinden lassen! – Durften die das? Mit der Schülerschaft springen sie um, wie sie wollen, mit missliebigen Kolleginnen und Kollegen sowieso, aber durften diese Typen Schreiben unterschlagen, die an die Abiturientinnen und Abiturienten gerichtet waren und an die Mitarbeiterinnen in der Bibliothek? – Später hieß es, Raffio habe sich nicht in der Lage gesehen, das Ganze zu organisieren. Ach du lieber Himmel! An dem Schülchen, an dem er vorher war, soll er für ein Organisationsgenie gehalten worden sein, aber am GGG glaubt das allenfalls nur noch er selbst.

---

69   Für ihre Unterstützung in den schlimmen Zeiten werde ich ihr ewig dankbar sein.

70   Ich liebe Rom – dort spielt der Film. Ich liebe die lateinische Sprache – derer bediente man sich für den Titel des Films und hin und wieder auch in dessen Verlauf. Und ich bin katholische Theologin. Mehr Gründe braucht niemand, um mal wieder ins Kino zu gehen.

„Schade!" So begann am übernächsten Tag eine von mir im GT[71] aufgegebene Anzeige. Ich habe alle darüber informiert, dass sie beinahe mit mir hätten ins Kino gehen dürfen und dass die Schulleiter das leider, leider hintertrieben hatten. An dem Tag hätte Latra mich wieder einmal am liebsten totgeschlagen,[72] musste sich aber für den Moment damit begnügen, mir mit dem Personalrat zu drohen. Goldig, oder? Wenn ich mich recht erinnere, war dieses Gremium neu gewählt worden und mochte wohl anfangs nicht recht einsehen, dass es sich, wie es vorher üblich gewesen sein muss, von den Schulleitern manipulieren oder herumkommandieren lassen sollte. Und dann noch bei solchen Verrücktheiten, um es einmal zurückhaltend zu formulieren!

Ich lebte also noch und konnte deswegen am Freitag dem 22. zur Verabschiedung der Abiturientinnen und Abiturienten in die Stadthalle gehen. Das war mir ein großes Anliegen, denn diese jungen Leute hatte ich einige Jahre zuvor besonders gern unterrichtet. Hannah Hartge habe ich schon erwähnt. Sie kritisierte in ihrer vortrefflichen Rede auch, dass am besagten „Elitegymnasium" Lehrerinnen und Lehrer von der Schulleitung derart drangsaliert werden, dass sie schließlich Nervenzusammenbrüche erleiden (u.a. war von Mathe und Latein die Rede). – Um bei einer Aufzählung niemanden versehentlich auszulassen, nenne ich hier nur noch Yakup Atmaca, weil ich so endlich die Gelegenheit habe, alle großen Leute im GGG zu bitten, neue Schülerinnen und Schüler im Zweifelsfall zu fragen, wie man ihre Namen aussprechen soll. In seinem Fall nicht „Àttmakka", was auch für seine älteren Brüder gilt bzw. gegolten hätte.

Latra und der vom „lieben Fritz" darum gebetene Lehrer haben auch geredet, leider furchtbar schlecht, verkrampft, stotternd. Ob das daran lag, dass ich hinten in der Stadthalle gestanden habe? Nichts ist unmöglich …

Bürgermeister Stolz war auch da. Ich lege Wert auf die Feststellung, dass er niemals mein Schüler war, weder in Latein noch in römisch-katholischer Religionslehre.

Am 25.6. war ich etwas dienstfähig. Die betreffende Klasse kam gleich angelaufen, so konnte ich die versprochenen Kreisel aushändigen (eine oder zwei Personen besaßen immerhin den Anstand, sich nicht blicken zu

---

[71]   Momentan lese ich das Konkurrenzblatt.
[72]   Kein Scherz!

lassen). Unterrichten durfte ich nicht (ich kann auch ohne Bücher unterrichten!), keine Aufsicht führen und nicht bei der Bücherrückgabe helfen, aber das war nicht schlimm. Ich habe mir die Zeit mit netten Gesprächen vertrieben, in die Klassenarbeitshefte, die seit Monaten in meinen Fächern eingesperrt gewesen waren, jeweils ein Smiley gemalt und „Vale!" dazugeschrieben und meine Habseligkeiten zusammengesucht. – Der gute Hammer war und blieb verschwunden.

Richtfest war an diesem Tag auch.[73]

Es wurde also das Richtfest des Gebäudes gefeiert, in dessen obere Etage später die wissenschaftliche Bibliothek umziehen sollte (nicht wollte, sondern musste! Und ich persönlich kann von Hause aus nichts gegen teure Bauwerke einzuwenden haben, hätte jedoch die Anschaffung von Sitzmöbeln, die der Gesundheit unserer Schülerinnen und Schüler nicht schaden, vorgezogen. Aber mich fragt ja keiner!). – Möchten Sie jetzt gerne wissen, ob wenigstens eine oder zwei aus der großen Schar der Mitarbeiterinnen zu der Feier eingeladen worden waren? Hier kann ich Intrigante I zitieren: „Die doch nicht!". – Ich habe also die vermutlich letzte Gelegenheit genutzt, zum Wohle der Allgemeinheit mit Latra zu schimpfen: Er war es nicht, der Main-Kinzig-Kreis war es. So sagte er jedenfalls ...[74]

---

[73] In der Presse las ich seitdem mehrmals, von der Schülerschaft werde das inzwischen fertige Gebäude „Titanic" genannt. Könnte mal jemand von den Historikern dem Oberdirektor erklären, warum er das nun nicht so stolz herumposaunen sollte? Geht es denn noch peinlicher?

[74] Etwas Interessantes kann ich hier noch nachtragen: Dank der vielen guten Menschen um mich herum musste ich keine Angst vor den Schulleitern haben, im Gegenteil! – Vielleicht habe ich sie noch fragen wollen, ob die Feier nett gewesen sei? Jedenfalls habe ich auf sie gewartet, aber sie kamen und kamen nicht. Studiendirektor Ludwig wurde ausgesandt, um zu schauen, ob ich endlich verschwunden war, später noch ein anderer, aber ich war immer noch da, habe mich gut unterhalten, Plätzchen gegessen usw., bis ich irgendwann keine Lust mehr hatte. – Auf dem Heimweg wollte ich wenigstens einen Blick durch die Fenster der Aula auf die Festgesellschaft werfen. Und die war inzwischen sehr übersichtlich geworden! Latra und Raffio unterhielten sich mit zwei, höchstens drei weiteren Personen, die mir unbekannt waren. Und als Raffio mich bemerkt, dreht er sich gaanz (!) langsam von dem Oberdirektor weg, geht ein wenig auf Distanz und wendet sich scheinbar aufmerksam einem der anderen Anwesenden zu ... – Wer hier nicht kapiert, warum das höchst interessant war, mö-

Abends habe ich auf der Straße zufällig (?) Bürgermeister Stolz getroffen. Er kannte mich nicht, also habe ich mich vorgestellt und mich höflich danach erkundigt, wieso wohl sein Magistrat gerne dabei hatte helfen wollen, mich für geisteskrank erklären zu lassen. Der gute Junge war völlig entgeistert, davon habe er nichts gewusst. Ich hatte Zeit, er auch, und so habe ich ihm ausführlich von meinen (und nicht nur meinen!) mageren Jahren im GGG erzählen können. Er meinte, nun verstehe er auch jenen Passus aus Hannahs Rede (Sie erinnern sich, den mit den Nervenzusammenbrüchen), versprach mir, Nachforschungen anzustellen und mich dann zu benachrichtigen.[75]

Nun war unser großer Tag gekommen, der 29.6.2012: Die Kolleginnen Marion Göttling-Fuchs, Karin Huthmacher[76] und ich sollten in den Ruhestand verabschiedet werden. Ich hatte eine ordentliche Frisur (dank Barbara in Martinas Haarstudio), war sehr gut gekleidet (dank Frau Meyer, Sie kennen sie schon!) und von vorbildlich aufrechter Haltung (dank Pia und Christiane).[77] Diesen guten Menschen war und bin ich wirklich sehr dankbar und hatte sie deshalb als meine außerschulischen Ehrengäste einladen lassen, außerdem in Vertretung meiner vortrefflichen Ärztin Frau Marlies Grob aus ihrem Praxisteam, die eine ihrer Töchter mitbrachte.[78]

---

[75] ge mich zu einem Espresso und einem Stück Streusel-Quark-Kuchen einladen, und ich werde es mit Vergnügen erklären.

Auf diese Nachricht warte ich seit zwei Jahren, und von Herrn Stolz rede ich schon lange nicht mehr als von einem „guten Jungen".

[76] Karin Huthmacher kenne ich seit unserem gemeinsamen Wartestündchen in Gremms Vorzimmer (damaliger Oberdirektor – wie sind wir den damals eigentlich wieder losgeworden? Könnte jemand Tipps geben?). Die zu Recht allseits geschätzte und beliebte Erika Bunk hat sich um uns gekümmert. Das waren Zeiten … Apropos die guten alten Zeiten: Heutzutage darf sich am GGG eine sehr junge Lehrerin erdreisten, einer Frau Amend zu sagen, sie könne froh sein, überhaupt eine Arbeit zu haben! (Frau Amend hatte sie gebeten, die Stühle hochstellen zu lassen oder etwas in der Art.) – O tempora, o mores!

[77] Hier übertreibe ich etwas, aber wirklich nur ganz, ganz wenig. ☺

[78] Ob Michaela oder Nicole, sage ich nicht! – Frau Grob genießt meine Hochachtung und Sympathie seit 1987: Bei einem Elternabend meiner Klasse war die geplante Schifreizeit das Thema, und diese mutige Frau traut sich zu sagen, sie finde die Kosten zu hoch, zumal sie zwei Kinder in der Klasse habe. Anschließend musste sie sich von einem wahrscheinlich gut betuchten Herrn Kalbfleisch anhören, die Aufwen-

Latra hat eine schöne Rede gehalten, ohne auf meinen schlechten Unterricht hinzuweisen, aber sonst ohne zu lügen,[79] rechts und links hatte ich als meine Leibwächterinnen Ursula Zwergel und Elisabeth Mertenskötter, das Buffet war vortrefflich, ich bekam Geschenke, von denen ich nur die (weitere!) Museumsuferkarte erwähnen möchte, die mir Gabi Lerch im Namen und im Auftrag (beinahe) aller Bibliotheksmitarbeiterinnen überreicht hat,[80] kurzum, ich habe die Veranstaltung genossen, und so hatte ich es gewollt und geplant.

Gegen 17 Uhr habe ich mich auf den Weg zur Burgmühle[81] gemacht, und wie es dort weiterging, habt Ihr entweder selbst noch in allerbester Erinnerung, oder Sie lesen einfach noch einmal das erste Kapitel.

Ich hatte es geschafft!

In den folgenden Wochen habe ich mich daheim weiter meines Lebens gefreut, mir – sehr preisgünstig! – einen Kalender für den Rest des Jahres gekauft (ohne Listen für Noten!), habe nur wenige kleine Reisen unternommen[82] und viel über manches und manche nachgedacht, z.B.

---

[79] dungen seien angemessen. Wer das Geld nicht habe, könne ja betteln (sic!) gehen! (Hier würde ich gerne wieder dieses Wort mit „D" benutzen, aber ich darf ja nicht.)
Vgl. Anm. 8.

[80] Diese zweite Karte gilt bis zum 1.8.2014. Eine feine Sache! – Intrigante II saß weiter hinten und hat herzerweichend geheult. Darauf versteht sie sich! Vor Jahren bin ich selbst auch einmal darauf hereingefallen. Eine gewisse Beate (?) war angeblich böse zu ihr gewesen. Und seit dieser mit Tränen reich verzierten Mitteilung konnte ich Beate auch nicht leiden. Ich kannte sie zwar kaum oder gar nicht, hätte ihr aber vielleicht einmal begegnen können. Eine weitsichtige Planung!

[81] Ursprünglich wollte ich bei Signor Eugenio im Triangulum feiern, habe aber wegen Clara dann die Burgmühle gewählt. Ebners sind sehr freundliche Menschen (Herr Futterknecht auch, wenn er will, vgl. Anm. 8!). – Um es am Ende nicht womöglich zu vergessen: Vom Restaurant Löwe wird später noch mehrmals die Rede sein. Ferner können Sie mich in Haitz bei Signor Aldo treffen (viele kennen ihn seit meinem 50. Geburtstag.), in der vorzüglichen Döneria in der Parkstraße, bei Cawolle in der Langgasse (Hessens bester Streusel-Quark-Kuchen, Hessens bester Espresso, Hessens bestes Häkelgarn für das besondere Geschenkband) … Ich gehe halt gerne gut essen, und vielleicht bekomme ich doch noch Schmerzensgeld? Das wäre doch schön, zumal Latra schon lange nicht mehr der Einzige ist, der sich da mit erklecklichen Summen beteiligen muss.

[82] „Klein, aber oho!" muss ich bei einer Reise hinzufügen, denn in Augsburg hatte ich schon wieder Ärger mit der Polizei. Dank der Auskünfte meines Bruders Peter, der

immer mal wieder über die willfährigen Helferinnen und Helfer. Was hatten sie z.b. zur Belohnung bekommen?

In einem Fall:

Baci von Bell – Kekse von Kanthak

Seit mir vor Wochen oder Monaten diese Kapitelüberschrift eingefallen ist, finde ich sie einfach genial. Aber erst eben ist mir aufgegangen, dass ich klarstellen muss, dass hier mit „Baci" mitnichten die kleinen Köstlichkeiten von Ferrero gemeint sind, sondern echte von Bell.[83] Horribile dictu! – In diesem Kapitel lesen Sie von zwei Figuren aus der Schar der Helferinnen und Helfer. Von einigen weiteren war schon die Rede, andere werden noch folgen. Ich beginne mit Intrigante II, um das möglichst bald hinter mir zu haben.

Sie erinnern sich: Gelegentlich war ich dienstfähig. So konnte mir an einem Donnerstag endlich klarwerden, dass diese Person sich mit dem größten Vergnügen von den Schulleitern hatte benutzen lassen und ganz stolz auf sich war. An diesem Donnerstag stolzierte (!) sie nach Dienst-

---

am sehr späten Abend von der Wache aus angerufen wurde, setzte man mich bald wieder auf freien Fuß, und die Hämatome an den Oberarmen waren in diesem Fall nicht der Rede wert. (Wenn Sie von diesem Abenteuer mehr lesen wollen, kaufen Sie mein nächstes Buch! Es wird wahrscheinlich „Aufregungen – eine Auswahl" heißen und u.a. auch davon berichten, wie ich bald nach der Augsburgreise auf Verlangen von Irmgard Grünewald in der hiesigen Polizeiwache erscheinen musste [
hatte wohl frei, ein netter junger Beamter hat mich erzählen lassen und mir danach zu seinem eigenen Bedauern die Auskunft geben müssen, eine Anzeige wegen unterlassener Hilfeleistung könne ich erst dann erstatten, wenn der liebe Mensch, dem nicht geholfen wurde, verstorben sei. Auch das muss die Politik ändern! [Obacht, Frau Bettina Müller in Berlin, ich habe Sie gewählt! Und wir engagieren uns beide für das Hospiz. – Frau Bartel oder Herr Stolz oder Herr Lometsch werden Ihnen das hoffentlich ausrichten]]. – Der Titel eines weiteren Kapitels steht seit dem 9. September 2013 fest: „Wie ich einmal für Frau B. gehalten wurde." Ich verweise hier auf Anm. 38 im vorliegenden Buch.)

[83] „Latra" kann ich ihn hier nicht nennen, sonst wäre diese allerliebste Alliteration zerstört, was Ihr Menschen mit Sprachgefühl selbst gemerkt habt.

schluss von der wissenschaftlichen Bibliothek zum Geschäftszimmer und wurde en passant[84] reich beschenkt: von Kanthak mit Keksen, mit baci von Bell (sprachlich noch genialer, oder?). Für mich war ja keine Arbeit da, und ich ging gerade zufällig (?) auf dem gegenüber liegenden Gang spazieren und konnte diese Szenen gut beobachten.

So hatte ich wieder einen Menschen verloren.

(Ein Trost für mich: am Abend dieses Tages hörte ich erstmals von Clara!)

Den Kontakt habe ich umgehend abgebrochen, da ging es mit der Heulerei los und mit der Niedertracht weiter. Ich hatte Intrigante II seinerzeit beim gewohnten Sonntagsspaziergang erzählt, welch schönen Erfolg Intrigante I (alias Frau Wichtig) mit dieser Show bei Latra gehabt hatte.[85] Warum sollte sie es also nicht auch mal versuchen? Und seitdem wurde (und wird?) bei jeder sich bietenden Gelegenheit immer und überall geheult: bei Latra und/oder Karalus mit dem Ziel meines Ausschlusses aus der Bibliothek,[86] während eines stationären (!) Aufenthalts im hiesigen Krankenhaus, in meinen Buchhandlungen, bei meiner Friseurin, bei gemeinsamen (damaligen) Freunden und Bekannten … Und immer dieselbe Botschaft: Ich sei ja so garstig zu ihr, und das könne sie doch überhaupt nicht begreifen…

Viele, allzu viele sind darauf hereingefallen.

Manche wollten mir wohl wirklich helfen, aber allen muss inzwischen klar geworden sein, dass und wie sie benutzt worden sind. – Schämt sich vielleicht mal jemand, z.B. für seine Dusseligkeit, und findet dann auch noch den Mut, mir das zu sagen oder zu schreiben? Irgendwann in der

---

84   Das ist Französisch, Lateinerinnen und Lateiner können es folglich mühelos erschließen.

85   Sie lasen davon im Kapitel „Der Rauswurf".

86   Zum Glück kann ich mir den Kauf von Büchern leisten, bekomme auch problemlos von freundlichen Menschen eines aus der wissenschaftlichen Bibliothek mitgebracht. Aber generell wegen der ehrenamtlichen Mitarbeiterinnen (von wenigen Ausnahmen abgesehen) war mir das arg. Ich hatte ihnen doch versprochen, mich weiter um sie zu kümmern, und jetzt durfte ich nicht einmal mehr auf ein Schwätzchen vorbeikommen, ohne ihnen, diskret wie ich bin, den Grund meines Fernbleibens nennen zu können.

Zukunft (das eilt nicht) erwarte ich dann eine Einladung zu einem guten Essen!

Welche Gründe eine Frau wie Intrigante II hatte und hat, kann ich mir vorstellen. Aber warum um alles in der Welt hat z.b. am Ende auch ein Mann wie STD Evers gerne eine Rolle in diesem üblen Spiel übernommen? Er durfte neben Raffio sitzen und mich gaaanz böse angucken. Warum macht so einer so etwas? Seine Tochter soll doch mit meinem Lateinunterricht sehr zufrieden gewesen sein. Und Kekse und Baci (hier meine ich die von Ferrero!) kann er sich doch selbst kaufen.

Ich verstehe das nicht.

Von Eltern und Großeltern

„Die" Eltern gibt es nicht, das wussten Sie selbst schon immer, und es klang ja auch in den vorherigen Kapiteln bereits an. All die vielen netten, normalen Mütter und Väter mögen mir nicht zürnen, wenn ich aus ihren Reihen nur Anne und Hans Wolsing nenne. Als sie vor vielen Jahren neu zugezogen waren, hat ihr Sohn Ullrich, obgleich er bei mir „nur" Religionsunterricht hatte, seine Mutter dringend gebeten, beim Elternsprechtag wenigstens mich aufzusuchen. Mich müsse sie kennenlernen (er hat das witziger formuliert, fragen Sie Wolsings, die inzwischen leider fortgezogen sind).

Nur ungern erinnere ich mich an die beiden Schulelternbeiratsvorsitzenden, die während meiner mageren Jahre im Amt waren. Frau Dr. Wigg-Wolf muss ja gewusst und erlaubt haben, dass Vater Sch. per Mail gegen mich hetzen konnte. Weil die Familie früher mit meinem Lateinunterricht nicht unzufrieden (Litotes!) gewesen zu sein schien, habe ich Frau W. gebeten, das auch in der Elternschaft durchblicken zu lassen. Damit wolle sie nichts zu tun haben, bekam ich zu hören, da wolle sie sich heraushalten …

Die andere Vorsitzende steht erst seit dem letzten Sommer (also 2013) auf meiner inzwischen leider langen Liste derer, die ich nicht nett und normal finde (s.o.). Und das kam so: Die von mir hoch geschätzte Martha

Busse feierte auf Borkum einen runden Geburtstag. Weil ich sie mit meinem Besuch überraschen wollte, habe ich ihre Tochter Gela Wamser nach der Adresse ausgehorcht und mich auf den Weg gemacht. Am 13. August bin ich hingefahren und wäre sehr gerne länger geblieben, musste aber leider am 15. schon wieder zurück, weil ich mir am Freitag dem 16. in Bad Orb die Nachmittagsvorstellung von „Hänsel und Gretel" gönnen wollte, was ich Martha Busse natürlich gesagt habe. Sie kennt Frau Prof. Dr. Metzler-Müller schon seit deren Schulzeit am GGG und findet sie nett (ich früher auch, der Sohn soll ganz guten Lateinunterricht gehabt haben) und bat mich deshalb, ihr bei der Gelegenheit Grüße auszurichten.

Ich bin also an dem Nachmittag vergnügt nach Bad Orb geradelt, habe mich zu der Halle durchgefragt und endlich Frau Müller entdeckt, die sehr beschäftigt zu sein schien. Ich habe in gebührendem Abstand gewartet und bei günstiger Gelegenheit gefragt, ob ich sie kurz sprechen könne. – Aus Versehen duzt sie mich (was ich ihr nie angeboten hatte. Warum sollte ich?), stottert noch etwas herum – und ergreift die Flucht vor mir![87]

Die Aufführung war sehr schön!

Im folgenden Kontrastprogramm kann ich leider, leider nicht alle aufzählen. So erwähne ich als Beispiele nur die drei (!) Generationen der Familie P. in K. (sehr liebe Menschen; einer von ihnen hat allerdings nicht immer alle Vokabeln gelernt, aber auch das ist schon wieder lange her, und er macht auch ohne diese Vokabeln seinen Weg), drei (!) Generationen der allen Gelnhäusern bekannten Familie Z. (einer hat allerdings nicht immer … oder waren es gar zwei? Jedenfalls lachen mich immer alle an, wenn wir uns in der Stadt begegnen) und schließlich die Familie Formann.

(Vorausschicken möchte ich, dass meiner Meinung nach unsereins viel zu selten aus Elternkreisen beschenkt wird! – Und dann meckern sie über angeblich zu schlechte Noten![88]) – Formanns älterer Sohn scheint

---

[87] Fragen Sie sie bei Interesse selbst, warum und wie auch sie dem lieben Fritz gerne behilflich war, mich für geisteskrank erklären zu lassen. Baci von Bell (die von Ferrero wohl nicht) gab's ja immer schon. – Und Du, Martha, weißt jetzt, dass ich Deine Grüße nicht habe ausrichten können (Frau Busse hat – wie Hilde Grünewald – vor vielen Jahren mir das Du angeboten. Darauf bin ich sehr stolz.).

[88] Vgl. Anm. 8.

aber daheim derartige Lobreden auf mich und meinen hervorragenden Unterricht gehalten zu haben, dass Vater Dr. Formann (Alliteration? – Ja!) entschlossen war, sich erkenntlich zu zeigen und sich bei mir zu bedanken. Das hat der filius aber erst gestattet, als ich ihn und seine Klasse nicht mehr im Unterricht hatte. So wurden in der Vorweihnachtszeit ein sehr schönes Gesteck und eine Flasche Champagner am Lehrerzimmer für mich abgegeben. Wer beides in Empfang genommen und mir nichts davon gesagt hat, weiß ich bis heute nicht. Jedenfalls waren die Sachen da, aber ich ahnte nicht, dass sie für mich sein sollten. Wie ich das schließlich gemerkt habe, weiß ich nicht mehr, aber es mag inzwischen bald Ostern gewesen sein. Dem Champagner hat das nicht geschadet, nur das Gesteck hatte etwas gelitten.

Später dann brauchte ich Hilfe, notfalls auch vonseiten der Elternschaft. Dr. Formann hat Latra unverzüglich einen sehr schönen gepfefferten und gesalzenen Brief geschrieben, aber auch diese zwei Bögen (ich hatte eine Kopie erbeten und bekommen) sind sicher auf Befehl der Schulleiter von den sich sonst langweilenden und Däumchen drehenden Frauen in den Geschäftszimmern und von den Hausmeistern zu Konfetti verarbeitet worden – wie alle positiven mich betreffenden Schreiben (darf ein Schulleiter auch Briefe von Eltern verschwinden lassen? Natürlich darf er, Sie erinnern sich: Er darf in seiner Schule zu jeder Zeit ...).

Danke, Herr Dr. Formann! Sie haben riskiert, dass Latra, Raffio und die anderen Mitglieder der Schulleitung des GGG ihre nächsten neuen Zähne nicht mehr bei Ihnen kaufen. Das vergesse ich Ihnen nicht.

Seit wann fragen sich eigentlich manche oder viele, warum ich mir das alles habe bieten lassen? Warum ich am Ende sogar gemeint habe, mich an die Elternschaft wenden zu müssen? Es gibt doch schließlich Gesetze, für solche Fälle zuständige Institutionen wie z.B. einen Personalrat, die GEW[89] oder den Philologenverband, das staatliche Schulamt usw.

Diese Fragen will ich gerne beantworten.

---

[89]   Gewerkschaft Erziehung und Wissenschaft.

Der damalige Personalrat

Alle sind informiert – und lassen dennoch Latra aus der Sitzung stürmen,
um begleitet von Raffio meine Verfolgung aufzunehmen.
Hilfe erfahre ich von diesem Gremium nicht.
Alle Mitglieder werden befördert.[90]

---

[90]   Außer OSTR'n Edith Fränkel, die war schon vor diesen Ereignissen befördert worden. Ich habe sie irgendwann schriftlich gefragt, warum sie trotzdem mitgemacht
habe, wurde aber keiner Antwort gewürdigt. –

Falls Sie, die jetzigen Personalratsmitglieder, dieses dunkle Kapitel aufarbeiten
möchten: Auch diese Unterlagen sind sicherlich verschwunden worden (sic!). (Ist das
erlaubt? – Ach ja, ich vergaß es wieder: <u>Er</u> darf in <u>seiner</u> Schule zu <u>jeder</u> Zeit …).
Und auch aus Ihrer Runde bekommen diese derartigen Schulleiter schon wieder Unterstützung (<u>principiis obstate!</u> – Beim Übersetzen hilft jemand aus der Fachschaft
Latein gern weiter): Mir war von mehreren Personen (Nein! „Kollege" Oberrat Dickert war nicht dabei! – vgl. Anm. 8) brühwarm berichtet worden, Latra habe sich
bei der Gesamtkonferenz und somit in Gegenwart von Schüler- und Elternvertretern
ausführlich über meinen Gesundheits- bzw. Krankheitszustand ausgelassen, es gehe
mir ja soo schlecht und wahrscheinlich könne ich die Schule nie wieder betreten und
sei vielleicht schon tot (vgl. Anm. 8). Darüber, wozu diese Teufelei nun wieder die-
nen sollte, können Sie selbst sinnieren. Ich habe mich jedenfalls aufgeregt und telefonisch im Geschäftszimmer angefragt, ob solches Herumposaunen über die Kollegi-
umsgrenzen hinaus neuerdings erlaubt sei. Am sehr späten Nachmittag bekam ich
von einer (der Stimme nach zu urteilen) sehr jungen Kollegin die Auskunft, das habe
alles seine Richtigkeit gehabt. – Latra (oder war es Raffio?) hat sie noch ein paar weitere Sätze aufsagen lassen, aber ich sah keinerlei Anlass, mir diesen Blödsinn zu merken (– was gab es zur Belohnung?).

In dieser Gewerkschaft war ich vor langer Zeit auch einmal, bin dann aber ausgetreten, weil ich mich über irgendetwas zu sehr hatte ärgern müssen.[91]

Zum Stichwort „Gewerkschaften" heißt es in meinem kleinen „dtv-Lexikon in 24 Bänden" von 2006, sie seien „… Vereinigungen von Arbeitnehmern zur Verbesserung ihrer wirtschaftlichen u. sozialen Lage, vor allem zur Erreichung besserer Arbeitsbedingungen gegenüber den Arbeitgebern." Da setzen sich diese engagierten Menschen doch wirklich für hehre Ziele ein! Und wir müssen ihnen dankbar sein!

Hier tippe ich Ihnen nun einen Brief ab, den ich unlängst per Hand geschrieben und dann als Kopien an die einzelnen Personen geschickt habe.

„Christine Feldhaus usw.
An das Grimmelshausengymnasium
z.H. Evers, Graf, K. Großberger, Karalus, Ludwig
Betr. GEW
Sehr geehrter Herr …
In der heutigen GNZ[92] las ich von Ihrem Jubiläum.[93] Da soll ein kleines Präsent[94] von mir nicht fehlen! Bei der Lektüre werden Sie merken, dass ich die Wahl mit Bedacht getroffen habe.

---

[91] Genaueres weiß ich nicht mehr. Beim ADAC war es damals der Kampfruf „Freies Rasen für freie Bürger". Und bei der SPD? Keine Ahnung, das ist zu lange her. (Eben fällt mir auf, dass ich dann ja Parteigenossin von Stolz und Lometsch wäre. Bei dem Gedanken muss ich herzlich lachen.)

[92] Gelnhäuser Neue Zeitung (oft mit sehr interessanten Fotos! Neulich z.B. Bell, Lupton und Stolz bei der Feuerwehr) – Wieso bekommt eigentlich ein so reicher Oberstudiendirektor 1000 Euro geschenkt? Stammten die aus den Zuschüssen der armen Stadt Gelnhausen an die Feuerwehr? Oder haben brave Bürger sie gespendet? – Das passt mir nicht! – Aber er wird sie sicherlich ebenfalls gespendet haben (Vgl. Anm. 8).

[93] Es handelte sich um „runde" Mitgliedschaftsjahre.

[94] Jeweils eine Leinenausgabe des schon erwähnten Romans „Erfolg" von Lion Feuchtwanger. Wenn Sie ihn lesen wollen (was ich nur empfehlen kann), aber momentan nicht gut bei Kasse sind, kaufen Sie sich in einer der hiesigen Buchhandlungen die

Gelegentlich denke ich noch daran, wie tapfer und selbstlos Sie gegen die Unholde auf meiner Seite gestanden haben, z. Teil ohne Rücksicht auf Ihr eigenes berufliches Fortkommen.

Wenn ich nicht vor vielen Jahren aus der Gewerkschaft ausgetreten wäre, hätte ich in Steinau gemeinsam mit Ihnen feiern können. Das habe ich nun davon.

Danke für Ihren Einsatz! Weiter so!

Mit überaus herzlichen Grüßen,

Ihre Christine Feldhaus"

Etwas hatte ich vergessen, das bekamen die Herren einen oder zwei Tage später jeweils auf einem Extrablatt:

„P.S.

Ursula hat immer ganz entgeistert gefragt, wie Euereins noch in den Spiegel schauen kann.

C.F."

Herr Karalus schrieb mir am 21.11.2013, er könne das Geschenk nicht annehmen, und hat es samt Begleitschreiben draußen auf meinen Briefkasten gelegt. Den Brief habe ich ihm auf sehr geschickte Art wieder zukommen lassen (er soll an dem Tag ein wenig wütend gewesen sein …), und das Buch werde ich zur Tarnung in ein andersfarbiges Geschenkpapier wickeln (ohne eines von den erwähnten Bändchen!) und ihm bei seiner Verabschiedungsfeier überreichen.

Die anderen lesen wohl noch und lesen und lesen und irgendwann werden sie damit fertig sein und sich bei mir bedanken. Das gehört sich

---

preiswertere Ausgabe für 10 € oder wenden Sie sich an die wissenschaftliche Bibliothek des GGG, der ich auch ein Exemplar geschenkt habe. Den Transport der Bücher und Briefe ins Geschäftszimmer hat mir meine gute Frau Raddatz abgenommen (die beste Hilfe, die ich je hatte, vermittelt von Frau Amend, manche nennen sie ihre „Diplom-Putzfrau"). Es war eine schwere Lieferung, mir wäre von der Luft in dieser Schule vielleicht übel geworden, und außerdem weiß ich ja gar nicht, ob mir als Pensionärin der Zutritt überhaupt gestattet ist.

so! (Zumal für Euch Jubilare, die Ihr doch wichtige Positionen in jener Anstalt innehabt oder bald innehaben wollt.)

Mehr Zeit und mehr Platz im Buch widme ich diesen Heroen nicht, womit das Kapitel GEW beendet ist.

Der Mann einer Freundin hatte mir ohnehin geraten, eine Dienstaufsichtsbeschwerde einzureichen. Haben Sie das schon einmal gemacht? Ich noch nicht, weil die Notwendigkeit jahrzehntelang für mich nicht bestanden hatte. Um zu erkunden, was ich tun musste, habe ich mich also vertrauensvoll an das staatliche Schulamt in Hanau gewandt.

Das Staatliche Schulamt[95]

Ich weiß allerdings gar nicht, ob dieses Amt überhaupt existiert. Die Leiterin soll eine Frau Rupel sein, die schon am 16.2.2012 die Urkunde unterschrieben hat, mit der mir im Namen des Landes Hessen „für die dem Lande Hessen geleisteten treuen Dienste" gedankt und Anerkennung ausgesprochen wurde. Gelegentlich liest man auch in der Zeitung von ihr. Ferner wurden in den letzten Jahren immer mal wieder Kolleginnen und Kollegen, die zu Höherem bestimmt waren, vom GGG nach Hanau ausgeliehen, um dort außerordentlich wichtige Aufgaben zu übernehmen.[96] Und schließlich hat mir mein damaliger Anwalt erzählt, dieses Amt befinde sich in der Nähe seines Büros. Das alles sind Hinweise darauf, dass es real existiert.

Es gab und gibt aber auch gewichtige Gründe, daran zu zweifeln. Zum Beispiel wurde meine sehr liebe Freundin Ursula vor etlichen Jahren vom Leiter der Friedrich-August-Genth-Schule in Wächtersbach noch übler behandelt als ich von Latra (bevor Raffio kam). In ihrer Not hat sie

---

[95] Vgl. Anm. 38.

[96] Welche eigentlich? Raffio z.B. hat dort nicht einmal akzeptable Manieren gelernt. Sonst hätte er sich zu Beginn seiner Karriere am GGG nicht vor einer alten kleinen Lehrerin auf den Tisch (!) gesetzt und einen Fuß auf einem Polsterstuhl (!) abgestellt. (Ich sah damals noch keinen Grund, auf einen Sicherheitsabstand zu achten. Das wurde aber dann bald nötig, Sie erinnern sich.)

sich an dieses Schulamt gewandt, um den dort angeblich existierenden Juristen namens Friedrich um Rat und Hilfe zu bitten. Was hat sie bekommen? Nicht einmal einen Termin! –

Was ich dann im letzten Jahr alles unternommen habe, habe ich mir nicht notiert, weil ich in meiner damaligen Harmlosigkeit nicht geahnt habe, dass das wichtig gewesen wäre. Aber die zuständigen Stellen (– die muss es doch geben!!!) werden die Belege in Hanau sicher lückenlos vorfinden.[97]

Was alles habe ich unternommen? Ich habe z.B. mehrmals angerufen, aber die erwähnte Frau Rupel war niemals für mich zu sprechen. Einmal konnte (sollte?) ich ihrer Sekretärin die Probleme ausführlich darlegen. Im Nachhinein finde ich meine Naivität ja selbst schon peinlich, denn sicher hatte man dort das Telefon laut gestellt und sich in netter Runde gemeinsam mit den Abordnungen vom GGG (wie praktisch!) über mich amüsiert. Vielleicht war sogar Latra mit dabei? – Sonst war auch kein anderer zuständiger Mensch für mich zu sprechen, alle waren immer gemeinsam auf einem Betriebsausflug oder wo auch immer. Mit einem Herrn Müller (?) hätte ich mal reden können. Standesdünkel liegt mir fern, aber dieser Herr ist für die Belange der Hauptschulen (?) zuständig, und was sollte ich nun mit dem?

Geschrieben habe ich auch, allerdings noch ohne Einschreiben mit Rückschein, was aber auch nichts geholfen hätte, wie Sie noch lesen werden. Ich war mir jedenfalls sicher, dass der Augiasstall namens GGG ausgemistet werden würde („Rechtsstaat", Sie erinnern sich …), und habe Vorschläge eingereicht. Es war schließlich auch meine Schule. Falls das Ausmisten zu meinen Lebzeiten[98] doch noch geschehen sollte, mögen sich die zuständigen Personen an mich wenden, da meine Schreiben vielleicht gerade an diesen Faschingstagen als Konfetti durch Hanau (oder Wiesbaden) gepustet werden. Umgehend und am besten rückwirkend müssen mehrere Kolleginnen und Kollegen befördert, andere sofort degradiert

---

[97] Vgl. Anm. 8.
[98] Wenn es keiner schafft, mich doch noch umzubringen, mache ich es noch eine Weile, was viele gute Menschen freuen würde.

werden. Möchten Sie wissen, ob auch nur ein einziger meiner Briefe beantwortet wurde? Sie wissen es.[99]

Irgendwann hatten sie erreicht, was sie wollten: Ich hatte keine Lust mehr.

Und als ich wieder Lust hatte, habe ich etwas Neues ausprobiert.

Das Kultusministerium

Herr Tauber, den ich seit seiner Schulzeit am GGG nicht leiden kann,[100] war inzwischen anderswo untergekommen, und so habe ich mich mit neuem Elan an das Kultusministerium gewandt. Es gab im Internet, wenn ich mich recht erinnere, eine komfortable Meckermöglichkeit für Eltern, wohingegen ich eine Weile nach einer Abteilung suchen musste, die vielleicht für <u>meine</u> Belange zuständig sein könnte. Dort habe ich angerufen und wurde – ohne dass mir das mitgeteilt worden wäre – weitergereicht an:

Das Landesschulamt[101]

Ein paar Wochen lang hat es dieses Amt tatsächlich gegeben! Außer der FDP wollte es zwar niemand, weil sehr viele mit guten Gründen schon die Existenzberechtigung und Notwendigkeit der 17 (?) bestehenden hessischen Schulämter angezweifelt haben. Aber gut, es gab dieses Amt, und ich hatte eine weitere Stelle, die sich meines Anliegens vielleicht annehmen würde.

---

[99]   <u>Wer</u> hat wohl <u>wen</u> dieses Vorgehen gelehrt? Latra und Raffio das Schulamt? Oder umgekehrt? Oder kennt jeder diesen miesen Trick, nur ich nicht?
    Korrektur: <u>Ein</u> Einschreiben mit Rückschein hatte ich geschickt, der Erhalt wurde am 27.8.13 bestätigt von einer Person namens „S"… (eine Art von Buchstabe folgt noch).

[100]   Mein Schüler war er nicht, aber ich habe meine Gründe.

[101]   Vgl. Anm. 38.

Im August 2013 wurde ich also mit dieser Behörde (Standort Wiesbaden) verbunden, und eine Dame, deren Namen ich leider nicht notiert habe, hat mir außerordentlich aufmerksam zugehört. Als ich im Zusammenhang mit meiner Beschwerde über das Schulamt in Hanau meinte, am Ende werde es vielleicht nur noch das eine Landesschulamt geben, hat sie sehr vergnügt gelacht. – Später bat mich eine Frau Göbel-Lehnert noch um eine kurze <u>schriftliche</u> Mitteilung, damit man für mich tätig werden könne.

Also schrieb ich am 30.8.13 Folgendes:

„Ich beschwere mich darüber, dass ich übelsten Psychoterror zu ertragen hatte.
Christine Feldhaus"

Mehr nicht, die Details waren ja schon bekannt. Der Brief trägt den Poststempel vom 1.9.13.

Woher ich das weiß? Ganz einfach: Er wurde mir von unserem damaligen tüchtigen Vertretungspostzusteller Helge Müller (Helge hat immer alle Vokabeln gelernt ☺!)[102] am 9. September ein wenig verwundert zurückgebracht.[103] Das Original ist selbstverständlich in sicherer Verwahrung,[104] aber mir liegt eine Kopie vor. Der Umschlag war mit einem dieser Klebezettel der Post versehen worden, die Sie wahrscheinlich kennen. Die Zusteller sollen dort einen der vier vorgegebenen Gründe für die Zurücksendung ankreuzen und ihren Namenszug sowie das Datum hinzufügen. Zweifellos eine praktische Regelung, allerdings nur, wenn diese Zettelchen auch ausgefüllt werden! Ob interessierte Ämter von der Post Blankoexemplare bekommen, mit denen sie nach Belieben verfahren dürfen? Vielleicht hat sich das Landesschulamt auch selbst welche gedruckt oder drucken lassen? Ich weiß es nicht. Ich habe auch zunächst gar nicht darauf geachtet, dass nichts angekreuzt worden war, sondern folgende Mail nach Wiesbaden geschickt.

---

[102]   Hessens beste Postzustellerinnen sind übrigens Frau Kehm und Frau Löffler-Lelito.
[103]   Gut für mich. Und für den Brief: So musste er nicht auch noch als Konfetti enden.
[104]   Dass mir hier nicht noch jemand einbricht, um Beweismittel mitgehen zu lassen oder zu vernichten!

„9. September 2013 14.22 Uhr Betr. Psychoterror
Sehr geehrte Frau Steudel,[105]
Frau Göbel-Lehnert bat mich, meine Beschwerde doch ganz kurz schrift-
lich mitzuteilen.
Ich bin dem umgehend nachgekommen, bekam meinen Brief mit der
Adresse Kirchgasse 2, C417, 65185 Wiesbaden jedoch zurück.
An welche Anschrift soll ich ihn in einem zweiten Versuch schicken?
Mit freundlichen Grüßen
Christine Feldhaus"

An den folgenden Tagen hatte ich viel zu erledigen. So „musste" ich z.b.
nach Lübeck fahren, um auf allgemeinen Wunsch Marzipan-Nachschub
zu besorgen. Aus Wiesbaden kam und kam keine Antwort, und am 26.9.
ist bei mir endlich der sprichwörtliche Groschen gefallen, und ich habe
folgende Mail geschrieben:

„Donnerstag 26.9.2013 21.24 Uhr
Sehr geehrtes Landesschulamt,
ich weiß jetzt, was hier läuft: Sie sind für mich ebenso unerreichbar wie
über Monate das staatliche Schulamt in Hanau (meine in diesem Zusammenhang schon erwähnte Freundin Ursula Zwergel ist inzwischen
gestorben, sie tut Herrn Friedrich vorerst scheinbar nichts).
Mein Anwalt riet mir, in einem Buch zu schildern, was ich erlebt habe. Sie
werden dort nicht lobend erwähnt werden ...[106]
Und irgendwann habe ich Zeit für Sie.
Christine Feldhaus"

Warum sind die nun eingeknickt? War ihnen die Sache zu brisant? Zu
groß? Oder passt hier das Sprichwort „Eine Krähe hackt der anderen kein
Auge aus."? Und hätten Sie eine Idee gehabt, was ich nun noch hätte tun

---

[105]   Die Leiterin des Amtes.
[106]   Einen Absatz habe ich hier weggelassen, weil in ihm das perhorreszierte Wort mit
„D" vorkommt. Außerdem wird eine Sache angesprochen, die eines der Themen in
meinem nächsten Buch sein soll.

können? Es vielleicht mit einem Voodoo-Zauber versuchen? Der kam im Theologiestudium vor Jahrzehnten (noch?) nicht vor …

Kurzum, ich hatte das mir Mögliche getan, aber „gegen Misthaufen kann man nicht anstinken."[107]

Oder, um noch einmal aus dem schon erwähnten Roman von Lion Feuchtwanger zu zitieren: „Es ist eine unsichtbare Maschine, gegen die man kämpft, es ist ein verfluchter, tückischer Mechanismus, der immer zurückweicht, den man niemals packen kann. Man selber wird müde, man wird lahm: aber die Maschine wird nicht lahm. Auf der einen Seite allein sie, auf der anderen dieser ganze, große, verdruckte Beamtenapparat. Keiner sagt ihr jemals nein; man bleibt höflich, auch wenn sie grob wird. Man schlägt nicht ab, bloß: man braucht Bedenkzeit, man erwägt, man untersucht."

Die Wende[108]

Um mein leibliches Wohl machen sich seit dem Sommer 2012 im hiesigen Restaurant „Zum Löwen" Herr Klages und Frau Ghafari mit ihrem Team sehr verdient,[109] normalerweise montags und donnerstags. – Der 22.7.2013 war ein wunderschöner sonniger Tag, viele Familien waren verreist, entsprechend ruhig war es auf den Straßen und Gassen, und ich habe es mir im kleinen Innenhof trefflich munden lassen. Gegen 14.15 Uhr trete ich glücklich und zufrieden und selbstverständlich ansehnlich gekleidet auf die Langgasse, und wen schickt mir exakt in diesem Moment meine himmlische Helferin? Genau, Latra! Ich höre, wie er auf einem

---

[107]   So wurde erst neulich der Opa eines sehr sympathischen und sehr fleißigen Schülers zitiert. Namen kann ich aus dem schon erwähnten Grund nicht nennen. (Liebe Familie Müller-Meier-Schulze, genial formuliert, oder? Danke und viele Grüße, C.F.)

[108]   Zumindest in Gelnhausen.

[109]   Vorher Frau Rühl und Frau Mucke-Marcial. – Übrigens: Falls es Personen gibt, die mich im Restaurant nicht treffen wollen, gehen Sie getrost ins „Dolce Vita"! Dessen Chef hasst Ausländer (Anm. 38!), begrapscht mitten im Restaurant seine junge blonde Angestellte und baut sich drohend vor einem auf, wenn man es gewagt hat, dem Ober auf seine Frage, ob alles o.k. gewesen sei, eine ehrliche Antwort zu geben.

klapprigen Fahrrad die Gasse hochkeucht. Von „bella figura" nicht die Spur – und ohne Raffio. Ich murmele leise, jedoch offenbar laut genug: „Der hat mir gerade noch gefehlt!", was allerdings gar nicht passt, weil mir an diesem Tag noch nichts Widriges widerfahren ist, aber egal! Latra starrt entsetzt in meine Richtung und dann gleich wieder stur geradeaus, zieht den Kopf ein, bringt kein Wort heraus und quält sich weiter den Berg hoch.

Das finde ich jetzt gut: Wenn schon jemand Angst haben soll, dann gefälligst er vor mir!

Das war die Wende, aber es wendete sich noch mehr …

Genau drei Wochen später (am 12.8.) war ich im Rathaus, um mir eine Konzertkarte zu kaufen. Nachdem und weil ich seit Ewigkeiten von Herrn Stolz keine Antwort auf meine telefonischen und schriftlichen Anfragen bekommen hatte (darf der das?), habe ich etwas Neues ausprobiert und ganz einfach das Personal an der Information gebeten, dem Bürgermeister auszurichten, ich wolle endlich die Namen der Magistratsmitglieder wissen, die im Jahr zuvor gerne behilflich sein wollten … (Sie erinnern sich: Geisteskrank – 3. Versuch.). Die Damen waren, gelinde gesagt, ein wenig entgeistert, sind meiner Bitte aber offensichtlich umgehend nachgekommen, denn nur wenig später hat ihr Chef mich telefonisch zu erreichen versucht, was aber nicht gelingen konnte, weil ich ja in der Stadt war. Es war wieder Montag, das Wetter war schön, und ich habe es mir im Höfchen des Löwen wieder gut schmecken lassen – mit bester Sicht auf die Langgasse.[110] Ich schaue in der richtigen Sekunde (13.30 Uhr) von meinem Teller hoch und sehe wieder OSTD Friedrich Bell auf seinem alten Fahrrad und weiß im Gesicht wie eine Leiche. – Dazu müssen Sie wissen, dass dieser (scheinbar!!!) absolut korrekte Mensch niemals um 13.25, sondern immer um 14 Uhr Feierabend macht. –

Was mag geschehen sein? Sicher hat Stolz zuerst ihn angerufen. Hat er Latra nach neuen Anweisungen gefragt? Hat er, Stolz, sich vielleicht selbst gefragt, ob und warum er allein die Suppe, nein, diese stinkende Brühe auslöffeln sollte? Ich kann nur mutmaßen, aber Sie kennen ihn alle zumindest aus der Zeitung. Fragen Sie ihn doch! Und dann fragen Sie Latra,

---

[110]   „Beim Essen liest man nicht!"

was er vorhatte. Ich war in dem Augenblick der Überzeugung, dass er nur schnell heimwollte, um sich auf der Stelle umzubringen.

Nachmittags sitze ich mit Hermine Weber-Coy in der Langgasse vor dem Calimero[111] und schaue gegen 17 Uhr (nicht zufällig!) zweimal in Richtung Reussengasse. Zuerst kommt das Magistratsmitglied Prof. Dr. Lupton von der sich christlich nennenden Partei Richtung Rathaus um die Ecke geschlichen, nur wenig später das Magistratsmitglied Diplompsychologe Lometsch, SPD, beide mit recht unfroher Miene. Ob die womöglich zum Bürgermeister wollten? Und warum?[112] – Sie werden ihre Gründe gehabt haben.

Bald nach den Sommerferien fand der traditionelle Kollegiumsausflug statt, in diesem Jahr nach Gettenbach. Ich hatte zwar eine Einladung bekommen, verspürte aber keinerlei Lust, in Gesellschaft dieser Typen meinen Nachmittag und Abend zu verbringen. Stattdessen habe ich gut zu Mittag gegessen, ausnahmsweise[113] im Löwen, und wollte anschließend noch einen Spaziergang in westlicher Richtung machen. Bell begegnen wollte ich aber nicht[114], und so entschied ich mich, durch die Kuhgasse in die Unterstadt zu gehen.

Wie er das nun wieder gemacht hat, weiß ich nicht,[115] jedenfalls kommt mir in dieser steilen Gasse eine große Gruppe von Menschen entgegen, die erste Reihe nimmt die ganze Straßenbreite ein, mir bleibt ein

---

111   Montag, Frau Achenbach, es war ein Montag!
112   Der kleine Wichtigtuer (wie heißt er doch gleich?) aus dieser kleinen Partei (wie hieß sie doch gleich?) musste aus einer anderen Richtung kommen. – Und an alle, die diesen Trick noch nicht kennen: Wenn Sie jemals etwas derart Niederträchtiges planen, suchen auch Sie parteiübergreifend nach Mittätern!
113   Vgl. Anm. 8.
114   Angst hatte ich keine, mir ist „nur" schon der Anblick zuwider. – Er ist eben nicht mein Typ (vgl. Anm. 8).
115   Nämlich die Gruppe ausgerechnet auf diesem steilen Weg gen Norden zu führen. – In alten Zeiten hat man sicher das Vieh durch diese Gasse getrieben. Heutzutage wählt aber jeder und jede, der oder die etwa vom GGG in die Oberstadt will, die angenehmere Alternative durch die Brüder-Fischinger-Straße (bis neulich Frankfurter Straße 1-3) und die Röther Gasse. – Ich hatte also Latra ausweichen wollen, aber er mir auch, und so kam es (sicher nicht zufällig!) zu dieser denkwürdigen Begegnung. Dabei hätte er doch keine Angst vor mir haben müssen. Raffio war zwar weit, aber er und die anderen waren doch in der Überzahl!

schmaler Durchgang rechts auf dem Bürgersteig – und ich finde diese Prozession irgendwie unheimlich, bedrohlich, bis ich eine sehr nette Kollegin entdecke, die perfekt Französisch spricht. Das ist des Rätsels Lösung: Die Franzosen aus Clamecy!

So dachte ich, aber das war falsch! In der ersten Reihe (wo sonst?) marschierte Latra, flankiert von weiteren Mitgliedern der Schulleitung oder solchen, die das noch werden sollen.[116] Keiner von denen sagte ein Wort. Umso aufschlussreich waren die Blicke, mit denen ich allgemein bedacht wurde, sie reichten von mordlüstern und hasserfüllt (vordere Reihe) bis erfreut und sehr vergnügt (weiter hinten). Ich habe gefragt: „Wo wollt Ihr denn hin?" Ein sehr nettes Ehepaar antwortete: „Nach Gettenbach!" Darauf ich: „Etwa zu Fuß? Das schafft Ihr doch nie!" Und sie sind fröhlich weitergezogen.

Der Würger[117] und weitere willige Helfer

Da gab (und gibt!) es also z.B. den Herrn Diplompsychologen Arndt Lometsch SPD. – Wann war die letzte Bundestagswahl? Ich war an einem Samstag zu Wahlkampfzeiten auf dem Weg zum Bahnhof und sah auf der Kinzigbrücke den besagten Genossen, der mit Vorbereitungen am Stand beschäftigt war. Da ich nicht in Eile war, habe ich die Gelegenheit genutzt, ihn mir vorzuknöpfen. Und jetzt stellen Sie sich vor: Dieser Mann, der mich doch dem Amtsgericht als vermutlich geisteskrank gemeldet hatte, kannte mich gar nicht! Ich, Oberrätin usw., musste mich ihm erst vorstellen. Interessant, oder? Nachdem ich mich vorgestellt hatte, wurde er immerhin rot und fing an zu stottern, was ich eigens erwähne, weil ich andere als abgebrühter erleben konnte.

---

[116] Raffio hätte ich ja sofort gesehen, aber der war bestimmt zu faul, nach Gettenbach zu wandern, und hat das Auto bevorzugt.

[117] Ich meinte, einen Roman von Edgar Wallace mit diesem vortrefflichen Titel gelesen zu haben, Herr Tobias Gros hat aber herausgefunden, dass das Buch „Das indische Tuch" heißt.

Später bin ich wieder dort vorbeigekommen. Als Lometsch mich sah, ging er vorsichtshalber lieber auf den Bürgersteig gegenüber; das hat ihm allerdings auch nicht geholfen, im Gegenteil! So konnte ich ihm nämlich in Gegenwart der erstaunten Bettina Müller (inzwischen als meine Vertreterin im Bundestag; irgendwann werden wir uns persönlich kennenlernen) sagen, dass ich ab sofort alle am Stand vorbeikommenden ehemaligen Schülerinnen und Schüler über sein Schurkenstück informieren wolle. Und die würden ihn packen und in die Kinzig werfen! (Das hättet Ihr doch gemacht, oder?) – Er war dann wieder rot und hat wieder gestottert – abgehakt!

Nun zu Daniel Glöckner, der – das möchte ich auch in seinem Fall betonen – niemals mein Schüler war![118] Ihn hatte ich kurz zuvor (auch schon in oder unmittelbar vor der Wahlkampfzeit) erwischt. Immerhin schien er mich zu kennen, hatte aber überhaupt und gar keine und nicht die Spur einer Ahnung, weswegen ich ihn da zur Rede stellen wollte. Unmittelbar danach ist er ja leider schwer erkrankt – einer der Wahlhelfer sagte mir, er habe einen Schlaganfall gehabt, aber irgendwie nur ein kleines bisschen einen Schlaganfall, ich müsse mir keine Sorgen machen … . Andererseits war das Schlägle dann doch so ernst, dass dieser raffinierte Mensch mit Hinweis auf seinen Gesundheits- bzw. Krankheitszustand umgehend offenbar sämtliche Parteiämter niedergelegt hat …[119] – Erst Ende Februar 2014 sind wir uns wieder begegnet, und zwar auf dem schmalen Bürgersteig am Untermarkt vor einer meiner Lieblingsbäckereien (Pfeiffer, Haus Nr. 5)[120]. Daniel Glöckner erkennt mich nicht (Wieso auch? Mich sieht man nie in der Zeitung. Vielleicht war es aber auch eine Spätfolge des Schlaganfalls?). „Oh", denke ich, „Bursche, Dich kriege ich!". Und das ging so: Glöckner spaziert scheinbar ungerührt weiter in Richtung Weinkellerchen, ich schaue gespannt hinter ihm her, und schon beim Reisebüro ist es so weit. Das Schaufenster fasziniert ihn scheinbar derart, dass er ziemlich abrupt stehenbleibt und sich vorsichtig

---

[118] Wer neugierig ist und wissen möchte, warum er mir schon als Abiturient außerordentlich unsympathisch war, soll mich gelegentlich zu einem doppelten Espresso ins Cawolle einladen, und dann erzähle ich davon.
[119] Obacht, Lometsch und Lupton: So macht man das!
[120] Brötchen kaufe ich übrigens auch bei Most und bei Naumann.

nach mir umsieht. Ich grinse ihn an, und vor Schrecken erkennt er mich dann doch und grüßt sogar.[121]

Und damit sind wir bei unserem Bürgermeister. Sie erinnern sich: <u>Stolz</u> durfte anfangs nicht mitspielen, aber später durfte er und darf bis heute. Und ich habe ihm zu diesem Durchbruch verholfen. Meinen Sie, er hätte sich bedankt? „Der doch nicht!", um wieder einmal (leicht abgewandelt) Intrigante I zu zitieren.

Doch was soll ich zu dem noch sagen und kostbare Zeit mit ihm verschwenden? Ich zitiere der Einfachheit halber aus einigen Schreiben, die ich an ihn gerichtet habe, so z.B. am 20.9.13 per Einschreiben mit Rückschein (man gönnt sich auch sonst alles):

„Bürgermeister Stolz,
letztmalig frage ich auf diskrete Art: Wer wollte helfen, mich für geisteskrank erklären zu lassen?
Auf Ihre schriftliche Antwort warte ich bis spätestens Donnerstag, den 26.9.13.
Feldhaus"

Weil ich keiner Antwort gewürdigt wurde (darf der das?), schrieb ich am 26.9.2013:

---

[121] Ein politisches Jungtalent, wir werden wieder (Alliteration, aber zufällig, kaum zu vermeiden) von ihm hören.
In der GNZ stand am 1.3.14 ein interessanter Artikel mit der Überschrift „61 Prozent vertrauen Pfarrern". Ich nehme an, dass sie Pfarrerinnen nicht minder vertrauen, aber darüber will ich mich jetzt nicht aufregen. Als noch vertrauenswürdiger gelten z.B. Sanitäter und Krankenpfleger, und dann liest man: „Das geringste Vertrauen genießen der Befragung zufolge Politiker mit 15%." Und diese Umfrage war in Deutschland gemacht worden, nicht etwa in Italien oder in der Türkei!
Weiter heißt es: „Ausgenommen hier seien jedoch die Bürgermeister, die auf 55% kommen."

„1. Offener Brief

Bürgermeister Stolz,

welche Mitglieder … Ihres Magistrats wollten gerne dabei behilflich sein, mich, OSTR'n Lic. theol. Christine Feldhaus,[122] für geisteskrank erklären zu lassen?

Christine Feldhaus"

Dieses Schreiben habe ich auf kostengünstige Art ohne Umschlag und natürlich ohne Briefmarke in den Rathausbriefkasten gesteckt.

Kam eine Antwort? Es kam keine Antwort. Also folgte mit Datum vom 28.9.13 eine Ansichtskarte:

„Bürgermeister Stolz,

ich, OSTR'n Lic. Christine Feldhaus, sollte für geisteskrank erklärt werden. Mehrere Mitglieder …[123] Ihres Magistrats wollten gerne dabei behilflich sein. Um welche Personen handelt es sich? Und wer hatte die Idee?

Christine Feldhaus"

Kam eine Antwort? Ja! Datum: 30. September 2013

„Ihre Schreiben vom 23., 26. und 28. September

Sehr geehrte Frau Feldhaus,

Ihre Schreiben vom 23.09.2013 und vom 26.09.2013, (sic!) sowie Ihre Karte vom 28.09.2013 habe ich erhalten.

Ihre Anfrage, welche Mitglieder des Magistrates der Stadt Gelnhausen dabei behilflich sein wollten (sic!) Sie für geisteskrank erklären zu lassen, kann ich wie folgt beantworten: <u>Kein Mitglied des Magistrates hat hier mitgewirkt, da sich der Magistrat der Stadt Gelnhausen zu keinem Zeitpunkt mit einem Vorgang „Christine Feldhaus" befasst hat.</u>

---

[122] Dieses Komma hatte ich leider vergessen.

[123] Betr. … : Ausgelassen habe ich hier und in dem Schreiben vom 26. ein durchgestrichenes „unseres". <u>Mein</u> Magistrat war das nicht! (Gibt es inzwischen einen neuen? Wer gehört dem an? Vielleicht mal Menschen, die dem Bürgermeister raten zurückzutreten? Für die Nachfolge habe ich schon einen Kandidaten und eine Kandidatin im Auge und stoße in der Bevölkerung auf rege Zustimmung.)

Wie ich Ihnen am 11. Juli 2012 geschrieben habe, wurde das Ordnungsamt im Dezember 2011 durch die Polizeistation Gelnhausen über die Vorgänge am Grimmelshausengymnasium informiert und Unterlagen der Polizei Gelnhausen und der Schulleitung an das Ordnungsamt übersandt. Der Vorgang wurde dann durch das Ordnungsamt an das Amtsgericht und das Gesundheitsamt des Main-Kinzig-Kreises abgegeben.
Eine Behandlung im Magistrat hat somit, wie bereits oben ausgeführt, nicht stattgefunden.
Ich hoffe, dass durch diese Auskunft Ihre Eingangsfrage abschließend geklärt wurde.
Ich wünsche Ihnen für Ihre persönliche Zukunft alles Gute.
Mit freundlichen Grüßen"

Dann noch seine imposante Unterschrift mit folgenden Maßen: Breite 7,4 cm, Höhe 3,7 cm.

Das Original dieses bemerkenswerten Briefes eines deutschen Bürgermeisters[124] wird man Ihnen im Rathaus sicher gerne zeigen, ich habe es nämlich postwendend wieder in den dortigen Briefkasten gesteckt, versehen mit meinem handschriftlichen Zusatz „Langweilen Sie mich nicht durch Haarspaltereien!"

Mein nächster Versuch vom 2.10.13:

„Bürgermeister Stolz,
welche Mitglieder Ihres Magistrats haben zu ihrem Privatvergnügen und unter Vorspiegelung falscher Tatsachen gegenüber dem hiesigen Amtsgericht gerne dabei helfen wollen, mich, OSTR'n Lic.[125] Christine Feldhaus,

---

124   Vgl. Anm. 121.

125   Vielleicht sind nicht alle im römisch-katholischen Kirchenrecht der siebziger Jahre des vergangenen Jahrhunderts so bewandert (Anm. 8), deswegen will ich endlich alle diesbezüglichen Unklarheiten beseitigen. „Lic." steht in meinem Fall für „Lizentiatin". Dieser akademische Grad wurde mir im Juli 1975 von der Universität Münster verliehen, und ich habe ihn unlängst sozusagen wieder ausgekramt, als ich über die Beförderungen am GGG nachgedacht habe. Lustig fand ich schon immer, dass ich theoretisch an Priesterseminarien hätte unterrichten können. Erzbischof Dyba hat mich leider nicht darum gebeten, sonst auch niemand. – Hätten sie mal!

für geisteskrank erklären zu lassen? Warum decken Sie diese Leute? Bell und   lügen.

Christine Feldhaus

P.S. Große Unterschrift kann ich auch."

Eine Antwort bekam ich nie. Wahrscheinlich sitzen seitdem zweimal wöchentlich oder öfter Stolz, Lupton, Bell, Kanthak und wer weiß noch alles beisammen und überlegen und überlegen und überlegen … Die Sache ist ja auch nicht ganz einfach, da ich dummerweise (<u>ich</u> find's gut!) weder im Narrenhaus noch tot bin.

Ich überschlage jetzt manches, weil ich diesen Figuren nur ungern meine kostbare Zeit opfere. Sie können sich meine Schreiben ja im Rathaus vorlegen lassen. Hiermit gestatte ich ausdrücklich, dass sie allen gezeigt werden!

Mit neuem Datum versehen habe ich eine Kopie meiner Anfrage vom 2.10.13 am 15.10.13 noch einmal in den dortigen Briefkasten geworfen, und irgendwann hatte ich dann keine Lust mehr zu schreiben.

Aber ich sah und sehe den Bürgermeister ja gelegentlich, so z.B. am 3.10.13, am Tag der offenen Moschee; er ist dort allerdings plötzlich unter einen Tisch gekrochen.[126] Oder war es eine Bank? – Dann wieder am 25.11.13 vor dem Kino „Pali" bei der Eröffnungsveranstaltung des Tages „Nein zu Gewalt an Frauen", wo er die Fahnen hissen durfte. Mich hat er leider nicht erkannt, vielleicht gar nicht gesehen.[127] – Im Januar dieses Jahres habe ich mich für ihn und mit ihm gefreut:[128] Er durfte (wie auch Prof. Dr. Lupton) mit auf das Feuerwehrjubiläumsfoto von Oberstudiendirektor Bell! Das ist doch schön für einen jungen Menschen. – Und demnächst sehen wir uns vermutlich gelegentlich auf dem Barbarossamarkt. Aber ich bin mir ganz sicher: Er hat den anderen sein „Ehren"wort gegeben[129] und wird sie bestimmt nicht verpetzen!

---

[126]   Vgl. Anm. 38.
[127]   Vgl. Anm. 8.
[128]   Vgl. Anm. 8.
[129]   Die Älteren werden sich erinnern: Da gab es in Kiel mal einen gewissen Herrn Barschel …

Nun zu Herrn Prof. Dr. David <u>Lupton</u>! Als in Gelnhausen die ersten Stolpersteine verlegt werden sollten, habe ich die Aktion sehr unterstützt, u.a. durch die Finanzierung eines Steines und später durch den Kauf des von Lupton, seiner Frau Gail und seiner lieben Freundin Rosemarie Bartel 2012 auf den Markt gebrachten Buches „Ein Stein – ein Name – ein Mensch". Bei dessen Lektüre hat mich anfangs „nur" der glückselig-versonnene Gesichtsausdruck von Frau Bartel auf sämtlichen Fotos (viele Fotos zeigen Frau Bartel!) gestört, manche Beiträge fand ich sehr interessant und lesenswert. Eines der von D. Lupton beigesteuerten Kapitel trägt die Überschrift „Warum ich?" Auf Seite 224 las ich: „Je mehr wir uns mit den Schicksalen der Opfer – sowohl jüdischen wie nichtjüdischen – befassten, umso mehr wuchs in mir das Bewusstsein, dass jede und jeder Einzelne von uns Opfer der Willkürjustiz dieser Zeit hätte werden können. So stehe ich vor der zwingenden, jedoch unlösbaren (sic!) Frage: Wenn es das Amt des Ortsvorstehers zu dieser Zeit gegeben und ich das Amt schon damals innegehabt hätte, was hätte ich getan, wenn Bürger im von mir betreuten Bezirk Opfer geworden wären? Glücklicherweise bleibt dies eine hypothetische Frage. Ich komme jedoch nicht umhin, die Opfer als Bürgerinnen und Bürger dieses Stadtteils zu betrachten, für die ich auch heute eine gewisse Verantwortung trage."

Schon beim Abschreiben dieser wenigen Zeilen wird mir wieder speiübel. Damals habe ich das Buch umgehend zerlegt und entsorgt,[130] und seitdem verlange ich immer mal wieder von Lupton mein Geld zurück, anfangs auch das für „meinen" Stein, inzwischen nur noch die 10 € für das Buch, bei dessen Lektüre ich kotzen musste (sit venia verbo!).

Am 23.8.2013 wurde im Hof der hiesigen Augustaschule für dieses Buch Reklame gemacht, und ich habe die Gelegenheit genutzt, allen Anwesenden die Lektüre eines wirklich <u>guten</u> Buches, des schon erwähnten Romans „Erfolg" von Lion Feuchtwanger, zu empfehlen. Herr Lupton, seine Freundin und eine weitere willige Helferin schienen wenig amused über meine Initiative …

---

[130] Bei den Vorbereitungen für dieses mein Buch hätte ich es natürlich gut gebrauchen können. Aber für solche Fälle gab und gibt es ja die wissenschaftliche Bibliothek.

Mein (!) nachdenklicher Ortsvorsteher scheint es nicht zu mögen, wenn man ihn um Geld angeht.[131] Anders kann ich mir jedenfalls nicht erklären, was am 3.10.2013 geschehen ist.

Der „Tag der deutschen Einheit" ist auch der „Tag der offenen Moschee", an dem ich die Gelegenheit nutzen und mir den schönen Neubau in der Hailerer Straße ansehen wollte. Darüber, wen ich dort (außer Yakup A. und Ferdi) antreffen würde, hatte ich mir keine Gedanken gemacht. Warum auch?

Im ersten Raum werde ich freundlich begrüßt und trete dann gegen 12.20 Uhr hinaus auf einen freien Platz. Neben dem dort aufgeschlagenen Zelt stehen in netter Runde Prof. Lupton nebst Gattin, Dekan Brill, Bürgermeister Stolz und Herr Öztürk und unterhalten sich angeregt. Ich habe gute Manieren,[132] gehe nur etwas näher heran und warte dann in schicklichem Abstand. Als Lupton mich bemerkt, frage ich ihn, ob ich wohl jetzt mein Geld zurückhaben könne. Der brüllt mich an: „Sind Sie schon wieder besoffen?", kommt mit Riesenschritten auf mich zu und versucht, mich zu erwürgen,[133] woran ihn Herr Öztürk zu meinem Glück hindern kann. Ich schlottere an allen Gliedern, freundliche Menschen bringen einen Stuhl und einen Becher Wasser, den ich kaum halten kann, ich sinke auf den Stuhl und schaue in die Runde: Außer Herrn Öztürk ist keiner mehr da! Sie können doch nicht alle unter den Tischen sitzen?

Yakup hat sich dann meiner angenommen. Er hatte den Vorfall selbst zwar leider, leider nicht bemerkt, musste aber mit ansehen, wie seine gute alte Lehrerin kaum dazu in der Lage war, einen Schluck Wasser zu trinken. – Im Zelt haben wir uns noch die wenig bemerkenswerte Rede des Würgers angehört, der einen fahrigen Eindruck machte (immerhin!), und sind dann bald gegangen. In richtiger Feiertagsstimmung war ich ja auch nicht mehr. Daheim habe ich Lupton, wenn ich mich recht erinnere, noch gemailt, dass ich ihn und Stolz (unterlassene Hilfeleistung!) selbstverständlich anzeigen würde. (Und überhaupt: Darf ein Ortsvorsteher eine ihm anvertraute brave alte Bürgerin erwürgen? Nein, das darf er nicht!!!)

---

131   Vgl. Anm. 8.
132   Da fällt mir doch sofort das Kapitel über das Staatliche Schulamt ein. Ihnen auch?
133   Vgl. Anm. 38.

Mein Anwalt war gerade im Urlaub, meine gute Ärztin zum Glück nicht,[134] und so konnte sie am nächsten Tag Schwellungen, Heiserkeit und Schluckbeschwerden diagnostizieren und dokumentieren. Beim Anwalt war ich am 24.10., vorher sollte ich dem Würger noch mal begegnen. An den 11.10. erinnere ich mich noch sehr gut. Ich wollte in Sachen Mailand (Scala! Verdi! Aida!) in mein Lieblingsreisebüro, da sehe ich, als ich an der Kreuzung Alte Leipziger-/Heinrich-Mahla-Straße stehe, wie mir Lupton entgegenkommt. Natürlich gerate ich in Panik (laut Lometsch und Konsorten ist Verfolgungswahn ja eine meiner Geisteskrankheiten), zumal weder in der Alten Leipziger Straße noch im Kapellenweg ein weiterer (harmloser) Mensch zu sehen ist, nicht einmal ein Kind. Die sind an diesem letzten Schultag vor den Herbstferien schon längst daheim, und die Stadt scheint um diese Zeit wie ausgestorben. – Was nun? Was tun? Zu flüchten erscheint mir zunächst sinnlos (der Kerl hat lange Beine und würde mich sofort erwischen), bis ich nicht weit hinter mir Frau Kehm neben ihrem gelben Auto stehen sehe. Ich renne in ihre Richtung, und sie empfängt mich mit den Worten: „Sie zittern ja!"

Sicher habe ich gezittert, aber ich durfte zwischen ihr und dem gelben Wagen warten, bis Lupton in einem Haus verschwunden war. – Wieder war ich gerettet. Meinen Schutzengeln sei Dank!

Am 24.10.13 hatte ich also einen Termin bei meinem Anwalt, davon ist schnell erzählt. Mangels Erfahrung in solchen Angelegenheiten wollte ich mich erkundigen, was ich machen musste, um ihn (den Würger) anzuzeigen. Mein Anwalt hat die Geschichte offensichtlich sehr interessant gefunden und fragte mich schließlich, wer bei diesem Angriff dabei gewesen sei. Ich habe also aufgezählt: Frau Lupton, Bürgermeister Stolz usw., und da hat er[135] bedauernd die gerade neu angelegte Akte zugeklappt und mir erklärt, dass ich wieder einmal keinen aussagebereiten Zeugen habe. Das war's!

Am 20.11.13 habe ich in Sachen Ortsvorsteher und Bürgermeister noch einmal Zeit und Papier verschwendet. Ab 11 Uhr waren weitere

---

[134] Ich glaube, sie wundert sich schon gar nicht mehr darüber, was mir in Gelnhausen (neuerdings „Wohlfühlstadt"! Mich hat niemand gefragt!!!) so alles passiert.

[135] Seinem Vorgänger wäre allerlei eingefallen, wie er an noch viel mehr Geld von mir hätte kommen können.

Stolpersteine verlegt worden, und danach habe ich den beiden Folgendes geschrieben (zur Abwechslung nicht als offener Brief, ich wollte ihnen eine Chance geben):

„Wilhelm Salzmann bekam eine Rente, nachdem er beleidigt und misshandelt worden war. Aber er hatte auch aussagebereite Zeugen …
Und die braucht man, wie mir mein derzeitiger Anwalt klar gemacht hat.
Also haben Sie und Ihresgleichen wieder gewonnen. Ein gutes Gefühl?
Sie könnten doch ganz einfach erzählen, wie alles anfing.
Ich würde <u>Sie</u> dann in Ruhe lassen und mich auf Bell und die sonstigen D.,[136] Mittäter, Wegseher etc. im Grimmels konzentrieren.
Sie, Herr Ortsvorsteher, könnten Ihren Kindern wieder in die Augen sehen, und Sie, Herr Bürgermeister, zumindest in den Spiegel.[137]
Vorerst müssen Sie sich nur schämen. Aber das ist Ihnen vielleicht nicht einmal bewusst. Kann das sein?
Feldhaus"[138]

(Puh, das war ein langes Kapitel! Jetzt folgen nur noch zwei oder drei kürzere, einige Nachworte, Danksagungen etc., und dann haben Sie und ich es geschafft!)

Die Polizei

Hier gibt es nicht mehr viel zu berichten. Von   haben Sie schon erfahren.[139] – Jetzt noch einmal zurück in den Sommer 2013! Angesichts des bevorstehenden ersten Schultages nach den langen Ferien wollte ich die <u>guten</u> Menschen im GGG[140] – Schülerinnen und Schüler,

---

[136]   Das zu vermeidende Wort im Plural.
[137]   An beidem sind die Herren offensichtlich nicht interessiert, denn auch dieser Brief wurde nicht beantwortet. – Dürfen die das? Mit wessen Steuern wird eigentlich das Gehalt dieses Bürgermeisters finanziert? Und das der anderen Beteiligten?
[138]   Handschriftlich 2,6 cm breit, 0,7 cm hoch.
[139]   Die Straße, in der sie wohnt, meide ich – wie mehrere andere Straßen auch.
[140]   Sie sind in der Mehrheit!

Kolleginnen und Kollegen und die sonstigen Mitarbeiterinnen und Mitarbeiter – ein wenig aufmuntern und ihnen zu diesem Zweck ein DIN-A4-Blatt mit einer netten Begrüßung und vermutlich einem ☺ an die Eingangstüren kleben. Ob ich das überhaupt noch geschafft habe, weiß ich nicht mehr, denn plötzlich hat mich Entsetzen gepackt, als mir klar wurde, dass ich an diesem Sonntagabend völlig schutzlos vor dem Hausmeistereingang gestanden habe, wo mich jeder unbemerkt hätte ermorden können.[141] Einen solchen Leichtsinn erlaube ich mir inzwischen zu keiner Sekunde mehr.

Bald danach, vielleicht schon am folgenden Tag, kam mir der Gedanke, dass   doch wohl nicht die Leiterin der hiesigen Polizeidienststelle sein dürfte und dass sich sicherlich jemand finden ließe, der mir helfen würde. Ich habe also dort den Leiter der Station zu sprechen verlangt und wollte dem freundlichen Herrn gerade von Bell und den anderen schlechten Menschen erzählen. Aber dummerweise war an dem Tag anscheinend   , jedenfalls hatte ich mit meinem Bericht noch nicht recht angefangen, als eine Person in das Zimmer gestürzt kam und Herrn Walden allerlei erklären wollte. Ich habe in Panik[142] geschrien, sie solle sofort den Raum verlassen, aber sie wollte nicht. Schließlich musste sie mit ihrem Vorgesetzten vor die Tür gehen, und ich hatte Gelegenheit, mich ein wenig zu beruhigen.

Nach geraumer Zeit konnte ich berichten, was ich hatte erleben müssen, und bekam Personenschutz zugesichert, allerdings nur mündlich. Ich durfte mir sogar einen bestimmten vertrauenswürdigen Beamten wünschen[143] und wurde mit der Versicherung, man werde sich bei mir melden, verabschiedet. – Solchen Personenschutz bemerke man selbst gar nicht, hat mir später mein Anwalt erklärt, und für eine Weile habe ich mich sicherer gefühlt.

Am 4.12.13 war ich auf dem Bürgersteig der Berliner Straße unterwegs, als Herr Walden seinen Dienstwagen neben mir stoppte und

---

141   Im Falle des Ortsvorstehers hatte mein Anwalt gemeint, er habe mich vermutlich „nur" zum Schweigen bringen wollen. Wo soll da ein Unterschied sein?

142   , Narrenhaus … Sie erinnern sich.

143   „Der ist gut" meinte Herr Walden.

freundlich fragte, wie es mir gehe. Ich habe mich zuerst vergewissert, dass die ihn begleitende Kollegin nicht   war, und dann geantwortet, was man auf diese Frage zu antworten pflegt: „Danke, gut."[144] Schon auf meinem weiteren Heimweg (das Angebot, mich zu fahren, hatte ich dankend abgelehnt. Das wär's doch wieder gewesen: die geisteskranke Feldhaus im Polizeiauto …) wurde mir klar, dass das nicht das letzte Wort gewesen sein konnte. Deshalb habe ich ihm noch am selben Tag Folgendes geschrieben:[145]

„Sehr geehrter Herr Walden,
auf Ihre freundliche Frage nach meinem Befinden habe ich vorschnell geantwortet. Tatsache ist, dass es mir oft gut, oft aber auch sehr schlecht geht.
So steht z.B. inzwischen auch Dr. Lupton auf der Liste derer, vor denen ich in Gelnhausen große Angst habe (vorher schon Bell, Kanthak).
Ich war am 3.10. …[146]
Zum Schluss ein paar Fragen, die mir gelegentlich durch den Kopf gehen:
Hatte ich jemals Personenschutz?
Wie kommt eine   dazu, <u>mich</u> … einweisen lassen zu wollen? Sind angeblich geisteskranke alte Lehrerinnen ihr Spezialgebiet?
Kann ein Bell ihr Befehle erteilen? Wieso war sie blitzartig zur Stelle?
Mehr schreibe ich jetzt nicht, es regt mich zu sehr auf.
Doch, eines noch: Wen soll bitteschön <u>ich</u> anrufen, wenn ich in Gelnhausen in Gefahr bin? Etwa die 110?
Alle diese Leute laufen frei rum, und ich muss Angst haben, wenn ich durch die Stadt gehe. Das finde ich nicht in Ordnung.
Mit freundlichen Grüßen
Christine Feldhaus"[147]

---

[144]   Ich habe die sehr bittere Erfahrung machen müssen, dass viele, viel zu viele nur diese Antwort hören wollen (Danke, Ihr kostbaren Ausnahmen!).

[145]   Adresse der Polizeistation, z.H. Walden, persönlich, mit Einschreiben (ohne Rückschein – vielleicht der Fehler?)

[146]   Was Sie, geschätzte Leserinnen und Leser, schon wissen, lasse ich weg: Würger, Ärztin, Anwalt.

Hätten Sie an meiner Stelle damit gerechnet, dass auch dieses Schreiben niemals beantwortet werden würde?

Mein Tisch[148]

Einige wenige meiner Schreiben an das GGG wurden beantwortet, wenn auch nicht sofort und nicht freiwillig.

Meinen Willen, diesen ganz besonderen Tisch zu kaufen, hatte ich seinerzeit sehr deutlich geäußert. Reaktion: Keine.

Am 23.8.2013 schrieb ich wieder einmal: „Ich will den Tisch!" Reaktion: Keine.

Ein Schreiben vom 16.11.2013:

„Sehr geehrter Herr Bell,
ich will nun den Tisch holen lassen. Wann ich das am besten möglich? Als Anzahlung lege ich 100,- Euro bei.
Mit der Bitte um baldige schriftliche Antwort und freundlichen Grüßen Christine Feldhaus"

Am 23.11.2013 kam per Einschreiben eine mich merkwürdig anmutende Antwort:

„Beschädigter Tisch;
Ihr Schreiben vom 16.11.2013
Sehr geehrte Frau Feldhaus,
für den durch Sie beschädigten Tisch haben wir[149] in der Vergangenheit keine Ersatzleistung verlangt und werden dies auch in Zukunft nicht tun.
Für uns ist die Angelegenheit „Tisch" erledigt.
Aus diesem Grund senden wir die als Anzahlung gedachten 100 € zurück.

---

[147]   Breite 5,9 cm, Höhe 0,6. Und beachten Sie auch hier wieder Anm. 8!
[148]   Falls jemandem die Details entfallen sind, möge er oder sie noch einmal einen Blick auf das Ende des Kapitels „Geisteskrank (1. Versuch)" werfen.
[149]   Wer sind „wir"? Er und Raffio? Oder wer darf sonst noch mitspielen?

Mit freundlichen Grüßen
Bell …"[150]

Am 25.11.13 habe ich zurückgeschrieben:
„Sehr geehrter Herr Bell,
Sie verstehen mich nicht!
Wie ich schon im Sommer und am 16.11.13 wieder geschrieben habe:
Ich will den Tisch haben. Das hatte ich auch schon schriftlich hinter-
lassen, nachdem ich die fürchterlichen [kleiner Scherz!] Beschädigungen
angerichtet hatte [Es war für einen guten Zweck!].
Wann also kann ich den Tisch abholen lassen? –
Vielleicht wollen Sie nur mehr Geld? Ich lege 150,- € bei.
Feldhaus"

Folgende Antwort kam per Einschreiben, Datum 9.12.2013:

„Beschädigter Tisch;
Ihr Schreiben vom 16.11.2013;
unser Schreiben vom 22.11.2013;
Ihr Schreiben vom 25.11.2013
Sehr geehrte Frau Feldhaus,
wie wir (sic!) Ihnen bereits in unserem Schreiben vom 22.11.2013 mitteil-
ten, haben wir in der Vergangenheit für den beschädigten Tisch keine
Ersatzleistung verlangt und werden dies auch in Zukunft nicht tun.
Grundsätzlich sind wir nicht berechtigt, Mobiliar des Schulträgers zu ver-
äußern. Der Vorgang ist für uns abschließend erledigt und wir beab-
sichtigen nicht, in dieser Angelegenheit weitere Korrespondenz zu führen.
Wir bitten um Verständnis.
Wir senden erneut den als Anzahlung gedachten Betrag von 150 € zurück.
Mit freundlichen Grüßen
Bell
Oberstudiendirektor" usw.

---

[150] Höhe 1,7 cm, Breite 1,5 cm; Anm. 8!

Der Vorgang war (und ist!) für mich noch nicht „abschließend erledigt".
Hier mein Brief vom 17.12.13:

„Sehr geehrter Herr Bell,
warum haben Sie uns denn nicht gleich mitgeteilt, dass Sie den Tisch nicht verkaufen <u>können</u>? Das hätte viel Zeit erspart.
Das Geld liegt wieder bei. Leiten Sie es doch ganz einfach an die zuständigen Personen weiter.
Mit freundlichen Grüßen …"

Daraufhin kam wochenlang nichts mehr, kein Tisch, kein Geld, kein Schreiben, gar nichts. Am 21.1.2014 wurde mir das schließlich zu bunt, und ich habe eine Postkarte (per Einschreiben mit Rückschein) an die Schulleitung (und nicht den Leiter) geschickt:

„Was ist jetzt mit meinem Tisch?
Feldhaus"

Und wieder verging die Zeit …

Mit dem Datum vom 10.2.2014 erreichte mich schließlich folgender Brief:

„Sehr geehrte Frau Feldhaus,
zweimal schickten wir Ihnen per Einschreiben Geld zurück, das Sie uns zum Ankauf eines Tisches zusandten. In unseren bisherigen Schreiben brachten wir zum Ausdruck, dass der Kauf nicht möglich und die Angelegenheit erledigt ist.
Dennoch übersandten Sie der Schule zum dritten Mal Geld (100 €).[151]
Bitte hinterlassen Sie im Sekretariat unserer Schule Ihre Kontodaten zwecks Zurücküberweisung.
Mit freundlichen Grüßen
Bell" usw.

---

[151]   Sie lesen richtig: 100 €!

Seitdem fällt selbst mir nichts mehr ein. Ich frage Sie und Euch: Kann es sein, dass die Leiter eines Elitegymnasiums nicht in der Lage sind, den Sinn <u>einfachster</u> Texte zu erfassen? Kann das sein? Und darf das sein?

Man sollte sie den Schulämtern melden. Oder vielleicht dem Gesundheitsamt …

Und nun?

(Im März 2014)
„Ich <u>weiß</u> <u>es</u> <u>nicht</u>!" möchte ich mit und wie Frau Berta sagen.[152]

Die Liste derer, die ich meiden muss, wird immer länger. So hat z.B. erst unlängst Frau Rosemarie Bartel ihren Hund auf mich gehetzt, und die Zeugin, die direkt daneben stand, wird erfahrungsgemäß zu keiner Aussage zu meinen Gunsten bereit sein …

Am 6.3. 2014 hat mir Herr Bartel am Telefon angedroht, er werde mir die Zähne einschlagen, wenn er mich erwische. Seine Gattin hat während des Gesprächs ganz bestimmt neben ihm gesessen und ihn angewiesen, was er mir sagen sollte, eine Aussage wird sie ebenfalls verweigern. Doch zum Glück wissen wir neuerdings Genaueres von der NSA! Wenn sogar eine Kanzlerin Merkel abgehört wird (angeblich „wurde"), darf sich doch kein SPD-Mitglied darüber wundern, dass er oder sie auch auf den Listen dieser neugierigen Firma steht.

Ich will weder „eingewiesen" noch totgeschlagen oder erwürgt werden, ohne Zähne herumlaufen will ich auch nicht! Deswegen setze ich mich vorsichtshalber für eine Weile ins Ausland ab. Das Flugticket liegt schon parat.

Arrivederci!? Ciao! Valete!

(Anfang Dezember 2014)
Infolge falscher Beratung musste ich wieder einmal zum Landgericht nach Hanau. In diesem Zusammenhang ist ans Licht gekommen, wie Herr Kantack (vgl. S. 31) die Polizei von der Dringlichkeit ihres Einsatzes über-

---

152 Loriot, Das Ei. – Aber wem sage ich das!

zeugen konnte: Ich hätte mehrere Suizidversuche hinter mir! Für mich ist es entsetzlich, dass ich mich nicht an einen einzigen davon erinnern kann. Und die Schulleiter verweigern mir jede Auskunft (Ist viel Unterricht ausgefallen? Wer hat mich vertreten? Wer hat mich gefunden und somit gerettet? – Ich möchte mich doch schließlich bedanken! – Wann habe ich es versucht? Und wie? …).

Bürgermeister Stolz hat neulich wieder die Fahnen gehisst (vgl. S. 65), obgleich ich ihn schriftlich aufgefordert hatte, der Veranstaltung fern zu bleiben. – Ich bemühe mich darum, dass es nun wirklich das letzte Mal war.

Den Würger sehe ich oft in oder in der Nähe der Marienkirche (in diesen Zeiten wird in Gelnhausen viel gebetet und über Zivilcourage gesprochen), traue mich aber nicht mehr, nach meinem Geld zu fragen (vgl. S. 67).

Im Herbst war mir zu Ohren gekommen, mein Tisch solle mir in einer Art Triumphzug gebracht. Die Idee fand und finde ich nett und habe die Schulleiter gebeten, das gute Stück, für das ich 150 Euro angezahlt habe, auf den Gang stellen zu lassen. – Haben sie meiner Bitte entsprochen? Die doch nicht!

Die Schule braucht eine neue Leitung – und nicht nur die Schule, jedoch sind alle Übelsttäter anscheinend noch in Amt und Würden. „In Würden“ aber offensichtlich immer weniger, wozu mein Büchlein einen kleinen (vgl. Anm. 8) Beitrag geleistet haben mag. Es macht mich stolz, dass Frau Beck, die kompetente Leiterin unserer Stadtbibliothek, einige Exemplare angeschafft hat.

Zum Schluss ein Wort von Oskar Wilde, das in der 4. Auflage hoffentlich entbehrlich sein wird: „Am Ende wird alles gut. Und wenn es nicht gut ist, ist es noch nicht zu Ende.“

Vedremo!

Nachworte

Wenn nach dem Bezahlen aller Rechnungen, die mir im Zusammenhang mit diesem Buchprojekt ins Haus flattern werden, ein Überschuss bleiben sollte, geht der an den Förderverein Hospiz Kinzigtal. – Vielleicht wollen Sie den Förderverein aber auch sofort und direkt fördern? Eine gute Idee! Das Formular einer Beitrittserklärung kann ich Ihnen jederzeit geben. Oder Sie wählen den papierlosen Weg: www.hospiz-kinzigtal.de

Es gibt in Gelnhausen einen Heiner-Kauck-Platz und eine Elisabeth-Strupp-Straße, eine Philipp-Reis-Schule und ein Barbarossa-Hotel … Für den Fall, dass ich leider doch schon tot sein sollte, wenn entsprechende Überlegungen angestellt werden, erkläre ich hiermit ausdrücklich, dass ich mit einer Christine-Feldhaus-Schule oder einem Christine-Feldhaus-Haus einverstanden wäre. – (Im Bach-Haus in Eisenach hat der kleine Johann Sebastian zwei oder drei Jahre bei einer Familie gewohnt, als er dort die höhere Schule besuchte. – Ich wohne in Gelnhausen seit 1978!)

Und jetzt möchte ich Katrin danken! – Es war schon eine Freude, sie von 1991 bis 1993 im Reli-Leistungskurs und damit auch in meiner Tutorengruppe zu haben. Die 15 Punkte für ihre Abiarbeit hat ihr der Fachbereichsleiter übrigens nicht gegönnt (er wusste ja noch sooo viel mehr zum Thema zu schreiben …), was ihm aber nichts genützt hat, weil der Zweitkorrektor Gebhard Baulig und ich uns einig waren. – Nach dem Abitur hat Katrin fleißig Theologie studiert und ist schließlich promoviert worden. Wenn Sie mehr wissen wollen über „Die prophetischen Analogiehandlungen im Alten Testament", wird man Ihnen das Buch in der wissenschaftlichen Bibliothek des GGG gerne ausleihen.[153] – An Katrin Spang werden sich manche der älteren Kolleginnen und Kollegen noch erinnern, heute also Dr. Katrin Ott – und die fähigste freie Lektorin,

---

[153] Anm. der Lektorin: Sie können es aber auch sehr gerne für 29,80 Euro selbst kaufen (Kohlhammer-Verlag).

die ich kenne![154] Jetzt tritt sie in Aktion, nachdem ich mir alle diese Kapitel zusammenfantasiert (Anm. 38!) und aufgeschrieben habe.[155]

---

[154]   Anm. der Lektorin: ich bin aber ziemlich sicher die einzige freie Lektorin, die Christine Feldhaus kennt.

[155]   Anm. der Lektorin: d.h. Korrektorat und Satz sowie Organisation des Drucks. Keine inhaltlichen Änderungen, da ich dieses Buch als eine aus ihrer eigenen Perspektive formulierte, persönliche Schutzschrift verstehe.